清代帝后
外傳
附《光宣小記》

金梁 原著／**蔡登山** 主編

導讀　金梁與《近世人物志》及《清代帝后外傳》

蔡登山

他是晚清朝廷重臣，對皇帝忠心耿耿，是地地道道的保皇派；他曾任末代皇帝溥儀的內務府大臣，當過瀋陽故宮博物院院長，做過張學良的家庭教師；「九一八」事變後，他寓居津門近二十年，不聞政治，著書立說，他就是金梁。

金梁（一八七八－一九六二），字息侯，別署瓜圃老人。是滿洲正白旗人，系出瓜爾佳氏。其先人自清初即奉調駐浙江杭州，遂居於杭州之乍浦。自幼受過比較良好的教育，早年即有神童之名。光緒二十七年（一九〇一）中舉人，光緒三十年（一九〇四）考中進士，授翰林院編修，是科舉時代最後一批進士之一。曾任京師大學堂提調、內城員警廳知事、民政部參議。他還給光緒皇帝上萬言書。沈曾植稱他「三上萬言書，以忠直名海內」。

辛亥革命前，他曾在徐世昌、錫良、趙爾巽三任東三省總督下擔任奉天旗務處總辦兼管內務府辦事處事務，因此對瀋陽故宮的文物及滿文老檔進行過整理。他在盛京宮殿之崇謨閣，閱讀了清太祖太宗兩朝史事老檔文獻（原檔四十冊，以老滿文寫成，無圈點），並錄出副本。早在一九〇八年秋，便開始整理、翻譯一百八十冊《滿文老檔》。一九一六年，他擔任奉天政務廳廳長後，再次組織人員編譯部分

《滿文老檔》，然後出版。學者孔祥吉認為《滿洲老檔秘錄》的出版，為研究清朝入關前的歷史，提供了十分可信之史料，也對滿族歷史文化研究作出了貢獻。另外他與余鐵珊、金月洲等就瀋陽故宮「翔鳳閣」一處所藏自唐代至清代的四百餘幅名貴書畫，根據乾隆年間的《石渠寶笈》體例，將這些作品進行分類梳理，輯為《盛京故宮書畫錄》，於一九二二年出版，成為瀋陽故宮的藏品典籍。

金梁因是滿人，對清朝依舊充滿依戀之情。當武昌革命爆發不久，他曾策動東三省總督趙爾巽帶兵入關，企圖挽救搖搖欲墜的王朝。一九一三到一九一四年間，張作霖曾請金梁為其子張學良的家庭教師，後來張學良不僅國學功底深厚，精於詩詞，更寫得一手好字，他的書法得益於三位著名的書法大家——白永貞、金梁、林汝助的悉心指導。也因此後來張作霖保薦金梁做了北洋政府農商部次長。

但金梁同其他遺老一樣，始終沒有放棄復辟的希望，他一方面積極參與民國政治活動，一方面參與宗社復辟。一九二三年溥儀召他入宮，當時的職銜是鑲紅旗蒙古副督統，不久便被派為內務府大臣，同時做皇帝的侍讀，賜少保銜。後來因為開罪了醇親王載澧，終於被攆走，有一段短時間未曾露面。而當溥儀逃離北府，潛往東郊民巷日本使館藏身時，金梁又出現了。在一九二五年一月二十四日，這一天適逢舊曆元旦，在日本使館的客廳，陡然昔日王公遺老都來朝賀，只見溥儀高高坐定後，滿朝文武官員依序排列站立，行三跪九叩之禮。不料儀式方在進行之際，忽然聽到有一陣哽咽啜泣之聲，旋又轉為嗚咽痛哭，一時秩序大亂，眾人定神一看，只見金梁匍匐在地，正自如喪考妣，嚎啕悲慟不已。眾人也無法勸止，當即示意幾名護軍，將他抬下樓去。金梁這次失態，過後曾引起許多人議論，有人嘲笑他愚忠，有人說他是孤憤，也有人罵他瘋癲。

一九一四年袁世凱設清史館，以趙爾巽為館長，繆荃孫、柯劭忞等為總纂，總領《清史稿》的修撰工作，參與者有一百餘人，到了一九二七年，趙爾巽見全稿已經初步成形，擔心時局多變及自己時日無多，遂決定把各卷刊印出版，其後校印事務由袁金鎧一人負責。袁金鎧因忙於他事，轉託金梁協助校刻此書。金梁利用校對刊印之便，給自己冠以「總閱」的名義，並附刻〈《清史稿》校刻記〉，又增加《張勳傳》和《康有為傳》，並將印成的一千一百部書中的四百部運往東北發行，即所謂「關外本」（又稱關外一次本）。而原編纂人員發現後，便將留在北京的原印本更正，並且刪去金梁的〈校刻記〉，世稱「關內本」。後金梁堅持以「關外本」為基礎，並根據當時學者對《清史稿》提出的批評和關內本所作的一些重要更正後出版發行，又稱「關外二次本」。學者劉少峰認為，金梁也並非完全不懂史例、史法，他對史稿最後的修改，也有一定的貢獻，對一些篇目的史料進行了增補。雖然他在史館工作僅一年時間，所從事的工作爭議極大，但是從史料的角度來講，這部大宗史料能夠順利地得以保存，他的貢獻是不應忽略的。

「九・一八」事變後，金梁舉家避居天津，躲在小樓裡，不問世事，埋首著述。這段期間可說是金梁學術上的輝煌時期，他編纂了許多頗有價值的清史著作，如《清帝外紀》、《清后外傳》、《清宮史略》等。而《近世人物志》便是其中最重要的一種。

一般為歷史人物寫傳，多用傳主之奏摺、文集以及實錄、上諭中的有關記載。這樣的傳記，從形式到內容，總給人有種千篇一律、千人一面的感覺，而且內容乾巴巴的，一點都不生動。倒不如稗雜者流之所記，儘可無拘無束、不瞻不徇，使人物有血有肉，有聲有色。然而這些稗雜者流之所記，也犯了一個嚴重的弊病，那就是游談之雄，好為捕風捉影之說，故事隨意出入，資其裝點。因此金梁在《近世人物志》的前言，就有「欲考人物，僅憑正傳，既嫌過略；兼述野史，又慮傳誤；皆不必盡為信史也。」之歎。於是他花了許多氣力，用了大量時間，將翁同龢的《翁文恭日記》、李慈銘的《越縵堂日記》、王闓運的《湘綺樓日記》、葉昌熾的《緣督廬日記》，這四部號稱「晚清四大日記」中所記載的人物，按時日先後，整理排比，編成了收有六百餘人的《近世人物志》一書。

金梁之所以重視日記史料，與他當年從事《清史稿》校勘的經歷，尤其是出版《光宣列傳》的實踐，有著密切的關係。他說：「昔校清史，深感其難，光宣列傳，力矯斯弊，乃採及近人日記，終為史例所限，亦不能盡如我意也。近年所出名人日記，如翁文恭、李越縵、王湘綺、葉緣督諸家，為時所重，足與曾文正日記並傳。其中知人論世，發潛搜隱，實可補正史所不及。」

掌故學家瞿兌之說：「我們讀《史記》、《漢書》，覺得史家敘述一個重要人物，每從一二小節上描寫，使其人之性情好尚甚至於聲音笑貌躍然紙上，即一代興亡大事亦往往從一件事故的發生前後經過著意敘述，使當時參加者之心理與事態之變化都能曲折傳出，而其所產生之結果自然使讀者領會於心。」而宋以後之正史，多是鈔錄些諛墓之文，一傳之中，照例是某某字某某，某處人，某科出身，歷官某職，某事上疏如何，某年卒，著某書，子某某，幾乎成了一種公式，千篇一律，生氣全無。因此瞿兌之大為感嘆地說，這樣的史還能算史嗎？

金梁曾經從事清人傳記編纂的過程，他知道日記是一種原生的材料，非觀日記，有時根本無法瞭解當時的真相。由於有這樣的認識，使他不畏勞苦，從大量繁瑣的日記素材中，選擇其中的精華，並加去偽存真，這些歷史的片段卻復原了許多近代政治舞臺上活龍活現的人物。金梁說：「其中毀譽，一依原來，不復稍加修飾，以存其真，是是非非，錄者不負責任也。」金梁融會貫通後整理編排的四家日記之內容，以及他用這些內容勾畫的為數眾多，形形色色的晚清人物志，在近代史研究和清人傳記寫作中，成為繞不過去的借鑒。這些日記常流露出作者對所記人物的毀譽，對所發生事件之評論，如《越縵堂日記》不僅忠實記載李慈銘和樊增祥之間亦師亦友的關係，也暴露了南北兩派清流之間互相鄙視，彼此拆台，鉤心鬥角，互不相讓的真實情景。為瞭解這些人物之間錯綜複雜的關係，提供難得的一手珍貴史料。吾輩若能循此線索，證之以清代檔案及清人信札等原始資料，則對晚清人物及其事蹟，當可收探驪得珠之效。

一九三五年瀋陽國立博物館正式成立，張學良聘請金梁為首任館長。據鄧慶說：「金梁之所以能被聘任，這與他早在二十年前曾專摺建議籌建皇宮博物館願望有關，同時對『檢查清宮舊藏』來說，金梁是不可多得的重要知情者之一。加之金梁曾為張作霖佐政，又是張學良將軍的語文老師，曾教張學良書法。這些都是金梁被聘任的重要原因。」一九三七年抗戰爆發，這一年金梁六十歲，面對時局，他回憶往昔，寫下他的心境：

孰料虛生六十年，生平志業兩空傳。
救亡悔不拼孤注，偷活恨難值一錢。
犬馬何心徒舊戀，龍蛇同劫敢貪天。
千秋再請從今始，不待重周願早全。

金梁本為晚清進士出身，文章、書法均稱一時。尤擅鼎書。據稱他在北京居住時，慕名求書者不絕於門，以致使几上積楮盈尺。他又是聞名的古物收藏家。一九四九年後遷居北京，在國家文物部門任顧問等職。他忠君一世，不折不撓。據傳六〇年代溥儀被特赦出獄，他去看望當年在偽滿時的內務府舊臣，年已八十多歲的金梁一貧如洗，纏綿病榻，但當見到溥儀時不顧老病掙扎而起，滾下床來叩頭伏地口頌「萬歲爺」。一副忠君到死的頑固姿態，直到一九六二年十二月二十七日在北京寂寞去世。

著述甚豐。著有《四朝佚聞》、《清帝后外傳外紀》、《黑龍江通志》、《奉天通志》、《瓜圃叢刊敘錄》、《增輯辛亥殉難記》、《近世人物志》、《滿洲秘檔》等十餘種。

《清代帝后外傳》包括《清帝外紀》和《清后外傳》兩書。是金梁根據國史、《實錄》、《開國方略》、滿洲老檔、軍機處秘札、《國朝先正事略》、《清史綱要》以及有關的大臣傳記、近人筆記、日記、御製文集等書所記載，而有考證並少見於他書者的資料加以採輯，其資料可說是稀見而珍貴的。

而他本人對這些所輯資料「誤者正之，漏者補之」，相對上又做了一番考證和整理。其目的在於對有清一代帝皇及后妃的事蹟作了簡明扼要的敘述，雖不無溢美之詞，卻卻言之有據，他兼顧了歷史札記的真實性和可讀性，讓你在極短的時間內就可以將滿清十三朝的皇帝、后妃等等歷史大事和後宮祕聞，弄清楚。而對於一些野史、傳說或電視劇，立即可以分辨真假。

《光宣小記》是金梁在一九三一年在天津養病時撮錄昔年日記而成的短文，該書記載光緒、宣統年間在京、奉兩地任職時的親歷親見、親聞親感，舉凡考場經歷、士林風尚、公私報刊、京都舊事、內廷官署、朝章國故、檔案圖籍等，無不包羅。因他以官職之利、交遊之廣、識見之博，因此所記多有鮮為人知者。書中涉及人物上起帝、后，下至優伶，王公大臣、士彥權貴中與作者有過交往或有所見聞的，每每見於筆端，如陸潤庠、林琴南、徐世昌、袁世凱、端方、張之洞等等，對於晚清廢科舉、預備立憲、兩宮駕崩、護路鬥爭等國之大事，亦都有所記載。

據周簡段在〈金息侯智護國寶〉文中提到，一九〇九年九月，已卸任的英國駐印度陸軍總司令吉青納因與曾出使過印度的梁士詒有舊交，他對清廷庫藏在奉天的古瓷垂涎已久，因此託名遊覽北京，隨即向郵傳部尚書梁士詒提出想去奉天賞瓷的要求，梁士詒不敢怠慢，在獲得攝政王載灃允准後，隨即陪同前往瀋陽。當時隆裕太后為了討好外人，特諭金梁讓吉青納自挑兩件送給他。金梁不敢違旨，於是便將名貴的歷代古瓷悉數藏起來，僅將一批價值不高的小瓷器陳放在外。但狡詐的吉青納卻堅持要金梁開放其他藏瓷的庫房，以窺全豹。金梁表示沒有，吉青納卻出示圖片多幅，咬定某物定在某所。金梁仍不動聲色，吉青納無奈只得在開放的陳列中竭力搜刮。他先取了小瓶、小罇各一對，又拿了瓷盒兩隻。瓶罇皆呈雨過天青之蘋果綠色，俱係前朝精瓷。金梁阻攔不住，於是急找東三省總督錫良要說明情況。梁士詒在旁插話道：「既是上諭賞賜，也只好隨他便了。」金梁仍有不甘冷言嘲諷說：「向聞貴國實行一夫一妻制，君既自稱以瓷為妻，何乃今日多多益善耶？」吉青納無語，惟急將瓷瓶放入袋中，雙手各持小罇一隻，瓷盒無法攜帶，竟挾在腋下，然後眉開眼笑揚長而去。此事記載在金梁所著的《光宣小記》中，後來梁士詒的年譜亦有記載，但據《錫良遺稿》中宣統元年（一九〇九）九月初八日的摺奏古瓷是吉青納向清廷請求贈送的，而非為巴結英將而贈予的。不久，這件醜聞傳到英國，英政府以為有失國體，在吉青納歸國後，即被褫去軍職，永不錄用。而金梁勇護國寶之事，卻留為一段佳話。

目次

清帝外紀

清后外傳

光宣小記

清帝外紀

自敘

近人好談清代故事，多出傳聞，不盡可信，而誣罔尤多。《實錄》、〈本紀〉雖不免溢美之辭，然文獻足徵，自較野史為核。此編專輯清宮軼聞、帝紀、后傳，大抵以《實錄》為本。聖祖嘗諭纂修《明史》諸臣：「若不參看《實錄》，虛實何由盡悉？」萬季野參修《明史》，事必核之《實錄》。余曩校刻《清史》，曾議總彙《實錄》，先撰〈本紀〉，然後分纂〈列傳〉，並輯〈志〉、〈表〉，惜為所阻，史稿刊行，遂難畫一。此雖外紀、外傳，不同正史，亦烏可遽違史例？故是非得失，必依《實錄》，兼採紀、傳，誤者正之，漏者補之，凡官書無考或習見他記者皆不錄。余僅抄書為糊口耳，若言著述，直當愧死，然亦必不忍隨俗媚世以自辱焉。

甲戌春金梁

太祖本紀

太祖高皇帝諱努爾哈齊，愛新覺羅氏。其先蓋金之遺部。始祖布庫里雍順，母曰佛庫倫，相傳為天女感朱果而孕，定三姓之亂，眾奉為貝勒。居長白山東俄漠惠之野鄂多理城，號其部族曰滿洲。數世，至范察而衰。數世，至都督孟特穆，是為肇祖，移居赫圖阿喇。三傳都督福滿，為興祖。傳子覺昌安，為景祖，兄弟六人，稱寧古塔貝勒。景祖傳子塔克世，為顯祖，生太祖。尼堪外蘭誘殺景、顯二祖。太祖有遺甲十三，歲癸未，起兵往討。尼堪外蘭入明邊，索斬之，始與明通，明以為建州衛都督僉事，嗣加龍虎將軍。太祖嘗再入貢於明。癸巳，葉赫糾約九部，合兵來犯，大破之。己亥，滅哈達，始製國書。丙午，蒙古喀爾喀會五部來朝貢，尊太祖為神武皇帝。丁未，滅輝發。癸丑，滅烏拉。先後收滿洲渾河、長白納殷、東海渥集各部，於是歸徠日盛，疆域益廣。丙辰，諸貝勒大臣上尊號曰「覆育列國英明皇帝」，建元天命，定國號曰「金」，命次子代善為大貝勒、弟子阿敏為二貝勒、五子莽古爾泰為三貝勒、八子皇太極為四貝勒，以額亦都、費英東、何和禮、扈爾漢、安費揚古為五大臣，同聽國政。建宮室，布教令，定兵制，令開礦。民間始育蠶。三年，伐明，以七大恨告天祭堂子而行，克撫順。四年，伐葉赫，明經略楊鎬督師二十萬分四路進，御之薩爾滸，覆其軍，遂滅葉赫。六年，大舉攻瀋陽，連克遼陽，築東京。十年，定都瀋陽，是曰盛京。十一年，攻寧遠，袁崇煥固守不下，乃還。旋崩。初諡武皇帝，廟號太祖，後改高皇帝，葬福陵。

右節《清史稿・太祖本紀》，亦有增補，並為之論曰：太祖生而神武，初以遺甲十三起兵討仇，既平諸國，大舉伐明，不數年間遂成帝業，武功之盛，古未有也。定都瀋陽，毅然獨斷，不為眾撓，謂西伐明、北征蒙、東定朝鮮、南收群島，惟此獨扼形勢，一統之基，定於是矣。而假名進貢，兩入明京，視敵國若無人，其英才奇略尤非常人所能及。嗚呼，豈不偉哉！

紅纓之國

〈本紀〉：滿洲起自鄂多里城。《實錄》：鄂多里城在長白山東鄂漠惠野，距興京千五百里。《盛京通志》：富勒善河西岸有鄂多里城，以地望準之，當在吉林邊境。

按，滿洲本為部族之號，太祖初興，始稱滿洲國。初有「紅纓蒙古」之稱，亦曰紅纓之國。及天命建元，遂定國號曰金，其後易漢字為「清」，而滿洲與蒙古仍以部族分旗如故稱也。

聰睿貝勒

《實錄》：太祖母宣皇后，孕十三月乃生，歲己未，為明嘉靖三十八年也。先是，望氣者言，滿洲將有聖人出，戡定眾亂，統一諸國，而履帝位。太祖龍顏鳳目，偉軀大耳，聲若洪鐘，儀度威重，舉止非常，英勇蓋世，騎射超群，時國人咸稱為「聰睿貝勒」。

太祖復仇

《實錄》：太祖十歲，母宣皇后崩。繼妃納喇氏撫育寡恩，年十九分居，予產獨薄。後顯祖知太祖有才德，復厚予之，辭不受。《后妃傳》注。

按，黃道周《博物典彙》謂顯祖有膽略，值建州都指揮王杲屢為邊患，總兵李成梁不能制，乃乞顯祖率兵討杲。往返八日，擒之。李成梁相顯祖狀貌不類常人，詭請臨視，火攻設反機，致遇害。時太祖方四歲，李成梁不能掩顯祖之功，哭之盡哀，迎太祖厚致餼養。太祖稍長，讀書有謀略，十六歲始出之建地。故兵端動，以復祖父仇為辭。考景、顯二祖皆歿於古勒城主阿太章京之役。阿太即《明史・李成梁傳》之阿臺王杲子，尚景祖長子禮敦女。是役為萬曆十年。其明年，太祖以顯祖遺甲始征尼堪外蘭，時年二十有五，安有方四歲為李成梁迎養事？道周語誤。

歪李媽媽

〈本紀〉：古勒城主阿太為明總兵李成梁所攻。阿太，王杲之子，景祖長子禮敦之女夫也。景祖挈子若孫往視，有尼堪外蘭者誘阿太開城，明兵入殲之，景、顯二祖皆及於難。太祖及弟舒爾哈齊沒於兵間，成梁妻奇其貌，陰縱之歸，始得脫。眾稱成梁妻曰「歪李媽媽」，誤為「萬曆媽媽」。又以堂子歲祀佛立佛多鄂錫謨瑪瑪之神，遂訛傳為祀萬曆媽媽矣。

唐烏哈

唐烏哈，犬名也。有乘夜陰晦，至太祖所居，欲拔柵潛入，唐烏哈四顧驚吠。太祖持刀叱曰：「外至者誰也？既至，何不入？爾不入，我即出矣。」因以刀柄擊窗，復奮足撼窗，為由窗而出之狀，既而仍由戶出，賊乃遁。有近侍怕海，宿窗下，被賊刺死，唐烏哈追賊噬其喉，賊亦死。見《開國方略》。

釋刺客

《開國方略》：太祖警悟軼倫，臨機應變，倉猝合度。嘗夜寢，聞戶外有聲，佩刀潛出，果見賊，遂以刀背擊仆之，呼縛。近侍曰：「是欲害吾主也。殺之，何必縛？」太祖曰：「若殺此賊，其主必顯與為難，倘加兵於我，眾寡不敵。」乃佯詢曰：「爾非盜牛來耶？」賊以盜牛應，遂縱之去。又一夕，將就寢，忽心動，遂起，佯如廁，昏黑中見隱然有人如探伺者，乃控弦以待。俄而賊逼，射之，貫其足，踣地。詢其名，為伊素，久謀仇害者。諸弟請殺之，太祖曰：「此非汝等所知，殺之適以啟釁，我又何肯以殺人為他人藉口耶？」遂釋之。蓋御物深沉有大度類如此。

賞仇

《方略》：甲申年九月，攻翁鄂洛城，有鄂爾果尼者潛射太祖，傷首貫胄。太祖拔箭還射，敵應弦而踣。太祖被創，流血至足，猶鏖戰不已。又有洛科者突發一矢射太祖，砉然有聲，穿鎖子甲護項。太祖拔之，鏃捲如鉤，血肉迸落。眾競趨而前，欲扶掖，太祖恐為敵窺，諭止之。時項下血湧如注，下而迷僕，少蘇，裹創，迷而復甦者數四，蘇輒飲水，凡一晝夜，血猶不止。創瘉，復攻城，克之，獲鄂爾果尼及洛科。諸臣請誅之，太祖曰：「兩敵交鋒，志在取勝。彼為其主乃射我，今為我用，不又將為我射敵耶？如此勇敢之人，若臨陣死於鋒鏑猶將惜之，奈何以射我故而殺之乎？」遂授鄂爾果尼、洛科各一牛錄，隸三百人。眾皆頌上大度云。

龍虎將軍

〈本紀〉：己丑年，明以太祖為建州衛都督僉事。甲辰年，復授龍虎將軍。乾隆四十二年高宗諭有云：「我祖宗曾受明龍虎將軍封號，亦無足異。我朝初起時，明欲與我修好，借此以結兩國之歡，我朝固不妨為藥天保世之計。我朝乃明與國，當闖賊擾亂，明社既移，吳三桂迎迓王師入關為之報仇殺賊，然後世祖定鼎燕京，統一寰宇。是得天下之正，孰有如我本朝者乎！」

破九國兵

《實錄》：癸巳秋，葉赫諸國來侵，上駐軍。夜，就寢甚酣，妃富察氏呼之覺，謂曰：「爾方寸亂耶？懼耶？九國兵來攻，豈酣寢時耶？」上曰：「人有所懼，雖寢不成寐。我果懼，安能酣寢？前聞葉赫兵三路來侵，因無期，時以為念；既至，我心安矣。今我順天命、安疆土，彼不我悅，糾九國之兵以戕害無咎之人，知天必不祐也。」安寢如故。明日戰，大破之。

太祖入貢於明

〈本紀〉：戊戌年十月，太祖入貢於明。辛丑年十二月，復入貢。

按，太祖入貢，皆親至北京，意在窺測明廷舉動。相傳曾被監視，明神宗欲殺之，為皇后解而免，此歲祀萬曆媽媽之說所由起也，已辨正於前。

創製滿文

〈本紀〉：己亥年，始創滿文。時國中文移皆用蒙古字，太祖命巴克什額爾德尼、噶蓋以蒙古字改製國書。二臣辭以難，太祖曰：「無難也，但以蒙古字合我國之語音聯綴成句，即可因文見義矣。吾籌此已悉，何為不可？」遂以蒙古字合之國語創立滿文頒行國中。滿文傳佈自此始。

神武皇帝

《方略》：丙午年十二月，喀爾喀巴約特部貝勒達爾漢之子恩格德爾會蒙古五部再進駝馬來朝貢，尊太祖為神武皇帝，自此蒙古各部朝貢歲至。

覆育列國英明皇帝

《方略》：丙辰年正月朔，諸貝勒大臣議上尊號，率群臣集殿前，分八旗序立。太祖升殿，登御座，諸貝勒大臣率眾臣跪進表章，宣讀表文，尊上為「覆育列國英明皇帝」。上乃焚香告天，行慶賀禮。建元天命，定國號曰金。時上年五十有八。

青天太陽

《方略》：天命九年二月，科爾沁部長奧巴遣使賫書來請修好，稱太祖如青天之上，太陽當空，眾光盡斂，威震列國，臣民懾服，普天共主之英明皇帝；言嫩江水濱科爾沁貝勒等俱欽帝命，欲修好如約。太祖遣巴克什庫爾禪希福往會盟，刑白馬烏牛，告天立誓而還。

定都瀋陽

《方略》：天命十年三月，定都瀋陽。初，自赫圖阿拉城介藩，復移遼陽，築東京，至是集議遷都，眾皆請止。太祖諭曰：「瀋陽形勝之地，西征明，由都爾鼐渡遼河，路直且近；北征蒙古，二三日可至；南征朝鮮，可由清河以進。且渾河、蘇克素護河順流伐木以治宮室、供炊爨，不可勝用。時而出獵，山近多獸，河中水族亦可取用。朕籌之熟矣，汝等寧不計及耶？」遂定都瀋陽。

楮英

楮英，太祖長子，《實錄》作「諸燕」，號洪巴圖魯，後號阿爾哈圖土門。己卯年，因事薨。按滿洲老檔，太祖晚年委政楮英。刻薄寡恩，為眾所訴，太祖召責之。楮英懼，作書詛上及諸弟，祝於天而焚之。太祖大怒，貸其死，幽於高牆，逾年遂歿。官書不詳，蓋諱之也。明御史翟鳳翀入遼疏：「太祖長子洪把兔兒一語罷兵，隨奪其兵柄，囚之獄。」其言囚得之，而述罪由則誤也。

太祖崩

《實錄》：天命十一年七月，上不豫，幸清河湯泉。八月，上大漸，自太子河還京，使人召大妃，迎入渾河，距瀋陽城四十里，上崩。在位凡十一年，壽六十有八。上於國家政事、子孫遺訓皆豫定告誡，臨崩不復言。入宮發喪，大妃以身殉焉。

太祖武皇帝實錄

《故宮殿本書目》：《太祖武皇帝實錄》四卷。太祖初本無諡，正紅旗牛錄章京許世昌請議先皇諡號，乃有武皇帝之諡。此奏在天聰九年。是年，先成《太祖實錄圖》，尚未用實錄體裁，亦似未有武皇帝之諡號，而《武皇帝實錄》成於崇德元年。此《錄》首行書武皇帝之諡，而《錄》中亦不復見。又

《錄》中一再稱太宗為「天聰皇帝」，是知「天聰」亦非年號，與太祖之稱「天命」皆示尊大之意，至「崇德」則真為紀元矣。《錄》中載朝鮮國王來書猶稱為「建州衛馬法足下」，「馬法」乃酋長之稱，猶言建州衛酋長。此書載在天命四年，與《神宗實錄》萬曆四十七年所敘相合。後來一再修改，盡刪所諱。康熙元年改謚曰「高」，即改修《高皇帝實錄》，仍非定本，今尚存殘稿，與乾隆四年寫定本大異。如攝政王之母為太宗及諸王等逼令殉葬，《武皇帝實錄》稱「后」，康熙重修本則稱「大福金」，而猶不沒其事實，至現存之《高皇帝實錄》定本則稱「大妃」，而又去其強迫之跡矣。

按，天命、天聰確為年號，有城門題額為證，且曾鑄錢，今尚有流傳者。至《實錄圖》，原題《滿洲實錄戰圖》，奉天故宮所藏本可考也。

實錄戰圖

《太祖實錄戰圖》詳見《宮史》，乾隆四十六年，高宗敬覽乾清宮所藏《太祖實錄戰圖》乃盛京舊本，特命依式重繪，一貯上書房，一恭送盛京尊藏，為高宗重繪之本，清、漢文合璧，字句已有修改。今乾清宮所貯原本不知已落何所，藏上書房者亦不可得，藏盛京者經通志館印行，可以比較。實錄一再修改，至定本而多失其真矣。節《殿本書目》。

太宗本紀

太宗文皇帝諱皇太極，太祖第八子。即位，紀元天聰，設八固山額真分領八旗，十六大臣贊理庶政。元年，征朝鮮。歲大饑，多盜賊，上惻然曰：「民饑為盜，可盡殺乎？」令鞭而釋之，仍發帑賑民。三年，設文館，初試生員。親征明，逼燕京，凡七致書與明議和，不報，克永平、灤州、遷安、遵化四城而還，遣阿敏等駐守。四年，阿敏等棄城歸，上大怒，幽之。定編審壯丁例。五年，鑄紅衣大炮成，鐫曰「天佑助威大將軍」。攻錦州，毀大淩河城，上曰：「大淩河城中人相食，猶死守，豈非讀書知盡忠乎？昔阿敏等棄永平，皆不學無術所致。自今凡子弟八歲以上，皆令讀書。」設六部承政，定朝服及官民常服制。六年，新定朝儀，征察哈爾，林丹汗走死。七年，孔有德、耿仲明、尚可喜來降。八年，考取舉人，征明，至宣化、大同。九年，林丹汗子額哲獻傳國玉璽。十年，外藩蒙古十六國四十九貝勒請上尊號，改元崇德，定有天下之號曰大清。上征朝鮮，國王李倧出降。二年，置議政大臣。三年，設理藩院，上諭諸王大臣曰：「自古建國，皆立制度、辨等威，今定制皆不遵行，何耶？昔金太祖、太宗兄弟一心，克成大統。朕當創業之時，爾等顧不能同心一體乎？」諸王皆引罪。四年，征明，自北京至山西，復至山東，破濟南，還攻錦州。六年，大敗明援兵於松山、杏山。七年，擒明總兵洪承疇等。克錦州，祖大壽再出降。八年，諭曰：「治生者在節用，治國者重在土地人民，其各勤農桑以敦本計。」上崩，葬昭陵。

論曰：太宗內修政治，外勤討伐。神武出於天縱，而性不嗜殺，尤以養人為急務。既逼明都，重惜民命，惟務息和，卒之天命攸歸。逾年，世祖入關定亂，即成統一，蓋帝之貽謀遠矣。

太宗誕生

《開國方略》：太宗母孝慈高皇后，葉赫貝勒揚吉砮之女也，壬辰年十月二十五日生上於赫圖阿喇，即興京。天表奇偉，面如赤日，嚴寒不用暖耳，龍行虎步，威儀端重；一聽不忘，一見即識，神勇善射，用兵如神，性嗜典籍，披覽勿倦。自幼穎悟過人，甫七歲，委以家政，不煩指示即能贊理，巨細悉當，太祖甚鍾愛焉。

四貝勒

太祖建元，以次子代善及弟之子阿敏、五子莽古爾泰、八子太宗並為和碩貝勒。國中稱代善為大貝勒、阿敏為二貝勒、莽古爾泰為三貝勒、太宗為四貝勒。太祖上賓，大貝勒等謂四貝勒才德冠世，深契先帝聖心，當嗣登大位。翼日，遂合詞請太宗即位。太宗辭至再三，自卯至申，眾堅請不已，然後從之。集誓告天，始即位。太宗率諸貝勒向代善、阿敏、莽古爾泰三拜，不以臣禮待之。

三尊活佛

太宗即位，仍以兄禮事代善、阿敏、莽古爾泰，同坐受朝。及阿敏獲罪，凡朝會，皆三人南向正坐，聽政受禮，時稱之為「三尊活佛」。至天聰六年，定朝儀禮，部議不當並坐，代善曰：「我等奉上居大位，又與上並列而坐，本非此心所安。自今以後，上南面中坐，我與莽古爾泰侍坐於側，外國蒙古諸貝勒坐於我等之下，方為允協。」眾皆曰：「善。」太宗始獨坐臨朝。

設文館

天聰三年，上命儒臣分為兩直，榜式達海及剛林等翻譯漢字書籍，榜式庫爾纏及吳巴什等記注本朝得失，名曰「文館」。上躬秉聖明之資，復樂聞古典，故分命儒臣，欲以歷代帝王得失為鑒，並記國家政事以昭信史云。

親征明

天聰三年，上親統師征明。至北京，傳諭議和，上立德勝門外審視虛實，諸貝勒俱請攻城，上曰：「朕仰承天眷，攻城必克，但所慮者，儻失我一二良將，即得百城亦不足喜。我視兵丁如子，惟善撫我兵，蓄養精銳，不戰而勝，自無敵於我軍者矣。」遂止弗攻，還克永平等城而旋。

諭勿虐民

天聰四年，上自北京還克遵化、永平、灤州、遷安，命眾留守，諭曰：「明之土地人民，天已與我，即我之土地人民也。以我之人民而虐害之，則已收之疆宇將非我有，他處人民亦無復有來歸者矣。爾等宜嚴飭軍士，毋虐害歸順之民，違者治罪勿貸。」

釋誤射

天聰四年冬，上至扎木谷行獵，從臣譚泰等躡追射中之狍獻之，上曰：「此非朕所射也。朕嘗禁人強取人物，而復自強取乎？」令給原射者。大貝勒代善部下蒙古猛克射狍誤中御衣，代善大驚，欲射殺猛克，上曰：「此誤射耳。」釋之。時嚴寒，隨獵之人俱畏寒，垂帽護面及耳，上御窄帽，手不入袖，控縱馳射，若不知寒，眾皆稱異。

太宗不閱起居注

〈本紀〉：天聰五年，太宗幸文館。入庫爾纏直房，問所修何書，對曰：「記注所行政事。」上曰：「如此，朕不宜觀。」又諭文館諸臣記載太祖政令，曰：「朕嗣大位，凡皇考行政用兵之大不一一詳載，後世子孫何由而知？豈朕所以盡孝道乎？」

滿文加圈點

《清史稿・達海傳》：天聰六年三月，太宗諭達海曰：「國書十二字頭，無識別，上下相同。幼學習之，尋常言語猶易通曉，若人姓名及山川土地，無文義可尋，必且舛誤。爾其審度字旁，加以圈點，使音義分明，俾讀者易曉。」達海承命，尋繹字旁加圈點，又以國書與漢字對音補所未備，謂舊有十二字頭為正字，新補為外字，猶不能盡協，則以兩字合音為一字，較漢文翻切尤精當，國書始大備。

按，初制無圈點之滿文後遂不傳，僅盛京故宮藏有滿洲老檔為舊體字耳。

金國皇帝之印

《實錄》：天聰九年，冷僧機首言莽古爾泰與其女弟莽古濟格格逆謀。莽古爾泰中暴疾，不能言而死。籍其家，獲所造金國皇帝之印，以叛逆實狀曉諭中外。莽古爾泰，太宗異母弟也。

漢文史書多飾詞

天聰九年，上諭文館諸臣曰：「朕觀漢文史書殊多飾詞，雖全覽無益也。今宜於遼、宋、金、元四史內，擇其勤於求治而國祚昌隆，及所行悖道而統緒廢墜，與其用兵行師之方略，以及忠良奸佞、有關緊要者，彙譯成書，用備觀覽。至漢文《通鑒》之外，野史所載如交戰幾合、逞施法術之語，皆係妄誕，此等書籍傳至國中，無知之人信以為真，應停翻譯。」

獻玉璽

天聰九年，貝勒多爾袞等征察哈爾凱旋，獻玉璽。先是，歷代傳國玉璽自元順帝攜至沙漠，後崩於應昌府，遂失。越二百餘年，有牧者見一羊以蹄掘地，發之，得此璽，歸於元裔博碩克圖汗，後為察哈爾林丹汗所得。多爾袞等聞璽在蘇泰太后所，索之，視其文，乃漢篆「制誥之寶」四字，以二交龍為紐，實舊寶也。遂歸獻，上焚香告天受之。

寬溫仁聖皇帝

天聰十年，外藩蒙古十六部四十九貝勒及大貝勒、諸貝勒、大臣、都元帥等恭上尊號曰「寬溫仁聖皇帝」，上辭而後受，並建國號曰「大清」，改元崇德。內院奏定御用仗儀數目，太宗曰：「儀仗止以肅觀瞻，非有益於國、有利於民也，其酌量裁定以聞。」

范章京

《范文程傳》：崇德元年，以文程為內秘書院大學士。文程所典皆機密事，每入對，必漏下數十刻始出，或未及食息，復召入。上重文程，每議政，必曰：「范章京知否？」脫有未當，曰：「何不與范章京議之？」眾曰：「范亦云爾。」上輒署「可」。文程嘗以疾在告，庶務填委，命「待范章京病已裁決」。撫諭各國書敕，皆文程視草，初上猶省覽，後乃不復詳審，曰：「汝當無謬也。」文程迎父侍養，嘗入侍上食，有珍味，文程私念父所未嘗，逡巡不下箸。上察其意，即命徹饌賜其父，文程再拜謝。世祖立，禮遇尤厚。文程疾，嘗親調藥餌以賜。遣畫工就第圖其像，藏之內府。又以文程形貌頎偉，命特製衣冠，求其稱體，賜之。

夢入明宮

《方略》：崇德二年，太宗夜夢至明國宮中，明帝欲贈以珍寶，而轉顧其人又非明帝，乃金代神像，出書一冊，曰：「是爾先代金國史書。」太宗受而讀之，夢忽覺。次晨，召語諸臣，諸臣奏曰：「皇上前夢入朝鮮王宮，將朝鮮王舉之而起，未幾果臣服朝鮮。今夢入明宮，見明主及金人授以金史，是天意將以明國圖籙授皇上也。」

朝鮮國王紀恩碑

崇德四年，朝鮮國王李倧勒紀恩碑，以碑文進呈，略云：「大清崇德元年冬，寬溫仁聖皇帝以敗和自我，始赫然怒，以武臨之，直搗而東，莫敢有抗者。既圍南漢，復入江都，宮眷王子暨卿士眷屬俱被俘獲。皇帝以不殺為武，惟布德是先，大沛恩典，小邦君臣及被獲眷屬復歸於舊，區宇既亡時復存，宗社已絕而復續。漢水上游三田渡口即皇帝駐蹕之所也，壇場在焉。我寡君爰命增而大之，伐石勒碑以彰皇帝之功之德，並為銘曰：有石巍然，大江之頭。萬載三韓，皇帝之休。」

松山杏山之戰

崇德六年八月，上以明洪承疇等率兵十三萬來援錦州，親統大兵征之，陳師松山、杏山之間。諸王、貝勒、大臣共議圍敵策，上大笑曰：「朕但恐敵人潛遁耳。朕破此敵，如縱犬逐獸，必令爾等易於進取，不至勞苦也。」及臨戰，上神謀奇略，破明兵十三萬如摧枯拉朽，指顧而定，卒獲承疇，並降祖大壽。

洪承疇

崇德七年五月，太宗御崇政殿，命陣獲明總督洪承疇等朝見，召入殿內，洪承疇叩首流涕請罪，賜宴崇政殿。先是，既獲承疇，命送盛京，張存仁奏：「承疇歡然幸生，是能審天時、達時務，仰慕皇上為有福真主，雖非挺身拔順，既幸得生，必思見用。我國宜令其剃頭，在官任使。」寧完我亦奏請勿殺而留用，范文程並有「惜衣必不肯死」之語，均分見《東華錄》、老檔。則承疇之降，固不待勸也。

明寶書請和

崇德七年，上命諸王、貝勒等議明請和事，諭云：「朕自與明構兵，不忍傷民，屢欲和好。奈明朝君臣妄自尊大，終不欲和，及師圍錦州，十三萬兵盡沒，始懼而求和。諸王以來書無明主御寶拒回，又賚御寶書札至。朕閱所用皇帝之寶大而稍偏，初疑未信，乃以示洪承疇，云：『此寶札果真，此來請和，決非虛語，蓋迫於不得不和耳。』朕意欲允成和事，共用太平。進取與和好二者孰善，宜各陳其所見勿隱。」

取北京如伐樹

崇德七年九月，諸臣請以兵直取北京，上曰：「取北京如伐大樹，從旁斫之則大樹自僕。我先克關外四城，再克山海關，則北京自可得矣。」

無疾坐崩

崇德八年八月，上御崇政殿回宮。是夜，無疾坐南榻而崩。在位十七年，壽五十有二。

敦達里安達里殉死

太宗既崩，章京敦達里、安達里二人以幼蒙恩養，不忍永離，遂以身殉。安達里臨殉時謂諸王、貝勒等曰：「若先帝在天之靈問及後事，將何以應？」諸王、貝勒等對曰：「我等翊戴沖主嗣位承基，務當實心輔理。儻邀在天之靈垂鑒呵護，是所願也。」

按，是時嗣位未定，而二臣臨殉以此為請。其後卒立世祖，豈徒死哉！

世祖本紀

世祖章皇帝諱福臨，太宗第九子。即位，紀元順治，以鄭親王濟爾哈朗、睿親王多爾袞輔政。元年，命睿親王為奉命大將軍，入定中原。至山海關，明守將吳三桂乞師討李自成，入擊大潰，直趨而西，定都燕京，迎車駕至。十月朔，上御殿受賀，頒詔天下，加封多爾袞為叔父攝政王，以英親王阿濟格率師西討李自成、豫親王多鐸征江南。二年，克西安，自成走死，明福王降，江南平。定薙髮令及頂戴式；命大學士洪承疇招撫江南。三年，肅親王豪格征張獻忠於四川，殪之。平浙江，走魯王，定福建，殺唐王。四年，下廣州，殺紹武王，桂王走桂林。五年，命平西王吳三桂鎮漢中。六年，改封孔有德定南王、耿仲明靖南王、尚可喜平南王，征兩廣。七年，攝政王薨。八年，上始親政，御太和殿，召見巡按各省御史，賜坐，諭曰：「朕命爾等巡按各省，原為民生計也，其為朕愛養人民，使得安享太平。」諭畢，賜茶，遣之。十二年，諭曰：「今天下漸定，朕將興文教、崇儒術，以開太平。」頒御制《資政要覽》。十四年，詔求遺書。十六年，雲、貴平，命三桂移鎮。明桂王入緬甸。鄭成功犯江寧，敗遁。十八年，上崩，葬孝陵。

論曰：順治初，睿王攝政，入關定鼎。迨帝親政，孜孜求治，清賦役、定律令，勤政愛民，省躬自責，至遺詔罪己，不啻禹、湯云。

統一天下之主

《實錄》：世祖章皇帝，母孝莊文皇后，崇德戊寅正月三十日誕上於盛京大內永福宮。后方娠時，有紅光繞身，衣裾間如有龍盤旋狀，女侍皆驚以為火，近視之不見。如是者屢，眾皆大異。誕之夕，后夢神人抱一子授曰：「此統一天下之主也。」既寤，以語太宗，曰是異祥。次日誕生，頂中髮一縷聳然高起，與別髮迥異。是日紅光照耀宮闈，經久不散，香氣彌漫數日。

五歲射狍

世祖五歲時隨太宗獵於噶哈嶺，射中一狍，眾皆稱異。

六齡嗜書

世祖六齡即嗜觀書，嘗曰：「父皇平日讀書，予亦欲讀書。」每披覽所及，一日輒數行下，不由師教，解悟旁通，若天授焉。

議嗣立

《清史稿・索尼傳》：太宗崩後五日，睿親王多爾袞詣三官廟，召索尼議嗣立，索尼曰：「先帝有皇子在，必立其一，他非所知也。」是夕，圖賴告索尼定立皇子。黎明，兩黃旗大臣盟於大清門，令兩旗巴牙喇兵張弓挾矢，環立宮殿，率以詣崇政殿，諸王、大臣列坐東西廡。索尼及鄂拜首言立皇子，睿親王令暫退。英郡王阿濟格、豫親王多鐸勸睿親王即帝位，睿親王猶豫未允，豫親王曰：「若不允，當立我，我名在太祖遺詔。」睿親王曰：「肅親王亦有名，不獨王也。」豫親王又曰：「不立我，論長當立禮親王。」禮親王曰：「睿親王若允，我國之福，否則當立皇子。我老矣，能勝此耶？」乃定議奉世祖即位。

登位行禮

《實錄》：上即位，甫六歲。初出宮時，寒甚，侍臣進貂裘，上視裘，卻勿御。將升輦，乳媪欲同坐，上曰：「此非汝所宜乘。」勿許。上御殿，顧侍臣曰：「諸伯叔兄朝賀，宜答禮乎，宜坐受乎？」對曰：「不宜答禮。」於是行禮。禮畢，上起立，固讓禮親王先行，始升輦。入宮，謂侍臣曰：「適所進裘若黃裡，朕自衣之；以紅裡，故不服耳。」

元旦受賀

順治元年元旦，上御殿受賀，令禮親王代善勿拜。行禮時，上顧見諸藩使臣有跪拜參差者，問侍臣曰：「此何國人？行禮若是。」奏曰：「此北方投誠阿祿喀爾喀使臣也，尚未入我版圖，是以未嫻禮節。」乃置不問。舉朝皆稱上之明察有容云。

中國得真主

順治元年九月，世祖發盛京。至燕京，自正陽門入宮。十月朔，御殿受賀，儀範端凝，見者懾服，群慶為中國得真主云。

罷內監朝參

順治二年，禮部奏：「內監仍故明例，每遇朝參行禮，在文武諸臣之前，於禮制未合。嗣後內監人員概不許與朝參，亦不必排班伺候。」從之。

龍衣異光

順治七年正月朔，織造龍衣機上有異光，三日不止，欽天監占：皇上統一天下致治文明之瑞云。

奏對筆記

《奏對筆記》：世祖勤於政事，幸內院、進諸臣，從容諮訪范文程陳對最為上所重。洪承疇以《奏對筆記》進，上命錄付攝政王覽之，諭曰：「此洪大經略《奏對筆記》也，朕詳加披覽，所論溯本窮源，洞悉國家利病，若觸類引申、推而廣之，治天下之要道亦不外乎是矣。當即擇其尤為切要者數百條，密飭內史另錄一編以授王，王其留意覽之。特諭。」

按，《奏對筆記》，光緒初年坊刻本，官書無考。

皇父攝政王

睿親王多爾袞號墨勒根代青，稱「九王」，順治元年入關攝政，崇封皇叔父攝政王。五年，加對皇父攝政王。七年，薨，追封成宗義皇帝。八年，追論攝政王罪狀，詔曰：「鄭親王等合詞奏言：『太宗崩時，臣等扶立皇上，並無欲立攝政王之議，惟伊弟豫郡王唆詞勸進，彼時皇上曾將朝政付伊，與鄭親王共理。逮後獨擅威權，不令鄭親王預政，以親弟豫郡王為輔政叔王，自稱皇父攝政王。又親到皇宮院內，以為太宗帝位原係奪立，以挾制皇上。又逼死肅親王，遂納其妃。凡批票本章，概用皇父攝政王旨，不用皇上之旨。又悖理入生母於太廟。伏請重加處治。』又伊近侍蘇克薩哈等首言伊王在日私造帝服，藏匿御用珠寶，曾向何羅會商議欲背皇上等語。朕即令諸王大臣審問，皆實，據看謀篡果真。謹告天地、宗廟、社稷，將伊母子並妻，罷追封、撤廟享，停其恩赦，布告天下，咸使聞之。」《后妃傳》注。

按，睿忠親王由叔父攝政王崇封皇父，官書失載。《實錄》：順治五年，詔曰：「叔父攝政王治安天下，有大勳勞，宜增加殊禮，以崇功德，及妃、世子應得封號，部院諸大臣集議具奏。」禮部議定攝政王稱號，凡文移書「皇叔父王」常稱則云「父王」。或當時已擬崇封，議而未行，而王遂自稱歟？

黃膘李三

順治九年十二月，殺京師大豪李三。帝幸內院，諭大學士等曰：「黃膘李三，一細民耳。住居之外，復多造房屋，何也？」洪承疇對曰：「其房屋分照六部，或某人至某部有事，即入某部房內，毋敢攙越。」帝曰：「以一細民而越分妄行如此，故天使之敗也。」帝又曰：「李三為民大害，諸臣畏不敢言。鞫審之日，寧完我、陳之遴默無一言。鄭親王詰之再三，之遴始謂：『誅之則已。倘不行正法，必被陷害。』豈非重身家性命者乎？」見《清史綱要》。

閱《通鑑》

〈本紀〉：順治十年正月，上幸內院，閱《通鑑》，問漢高祖、唐太宗、宋太祖、明太祖孰優，陳名夏對曰：「唐太宗似過之。」上曰：「不然。明太祖立法可垂永久，歷代之君皆不及也。」

習騎射

順治十年三月，幸南臺較射，上執弓曰：「我朝以此定天下。朕每出獵，期練習騎射。今綜萬幾，日不暇給，然未嘗忘也。」

觀耕賞農

《實錄》：順治十一年四月，上幸南苑。鑾輿所過，郊外農民耕耘不輟，上覽之大悅，顧謂侍臣曰：「去年旱潦為災，小民甚苦。今如此辛勤，待秋成後，自獲享有年之樂矣。」命以銀八十兩賞農夫百八十餘人。

停止命婦入侍

順治十一年，諭：「歷代無命婦入侍之例。朕欽遵皇太后懿旨，將隨侍皇后及王、貝勒等福金命婦俱著停止。大朝日期，大臣命婦照例上朝。」

順治大訓

順治十二年，御制《資政要覽》及《勸善要言》成，皆親為序。又諭大學士額色黑等將歷代經史所載凡忠義、孝廉、貞烈及奸貪、鄙詐、愚不肖等分別門類，勒成一書，以彰法戒，名曰《順治大訓》，並頒賜御制《資政要覽》、《範行恒言》、《勸善要言》、《人臣儆心錄》。十三年，命編《通鑒全書》、《孝經衍義》，及上仰承皇太后慈訓，製為《內則衍義》，並為序文，恭呈慈覽。

宮中從無漢女

順治十二年，給事中季開生奏：「近聞奉旨往揚州買女子，乞速收成命。」得旨：「初無買女子之事。祖制，宮中從無漢女，且朕素奉皇太后慈訓，豈敢妄行？即天下太平之後，尚且不為，何況今日！朕雖不德，每思效法賢聖之主，朝夕焦勞，屢次下詔求言，上書禁勿稱聖，惟恐所行有失。若買女子入宮，成何如主耶？」

金之俊

《清史稿．金之俊傳》：順治十二年，之俊病，乞休，上不允。遣畫工就邸圖其像，諭諸大臣曰：「君臣之義，始終相維，爾等今後毋以引年為清。爾等豈忍違朕？朕亦何忍使爾等告歸？昨之俊病，朕遣人圖其容，念彼已老，惟恐不復相見，不勝眷戀。朕簡用之人，欲皓首相依，不忍離也。」之俊泣謝。

此人必有品

《國朝先正事略》：秦松齡，順治十二年進士，選庶起士。世祖召試〈詠鶴〉詩，有「鳴高常向月，善舞不迎人」之句，上指示閣臣曰：「此人必有品。」置第一。

真才子

《尤侗事略》：順治十五年，王學士熙侍經筵，偶談及先生文，上立索覽，親加圈點，歎為真才子者再。他日，又摘集中〈討蚤檄〉示學士曰：「此奇文也。」又有以所著《讀離騷》樂府獻者，上亦讀而善之，令梨園子弟播之管弦，以比〈清平調〉云。康熙年召試博學鴻儒，聖祖見其名，曰：「此老名士。」先生刻二語於堂楹曰：「真才子，章皇天語；老名士，聖上玉音。」見者榮之。

佳狀元

《徐元文傳》：元文舉順治十六年進士第一，世祖召見乾清門，還啟皇太后曰：「今歲得一佳狀元。」從幸南苑，賜乘御馬。嘗命撰《孚齋說》，孚齋，上讀書所也，覽之稱善，命刊行。

景運門直廬

《實錄》：世祖勸學崇儒，經訓史策不離左右。數幸內院，與諸臣討論古今。建直廬於景運門，令翰林官分番入直，以備顧問。披復章奏，每至夜分。勤求民瘼，喜聞闕失，皆出之至誠云。

素服禱雨

《實錄》：順治十七年六月，久旱，上以禱雨，率諸王、文武群臣素服，步至南郊齋宿。是日旱，四際無雲，頃之，烏雲密布，甘霖大霈。次日，以禱雨祀天於圜丘，又大雨。

世祖御製書

《殿本書目》考世祖御製、敕纂諸書現存十五種：如《人臣儆心錄》、《資政要覽》、《內則衍義》、《孝經衍義》、《大清律集解附例》，此六種《宮史》及《四庫》均載錄；如《易經通注》、《孝經注》、《道德經注》，此三種《宮史》不載，《四庫》已錄；如《上皇太后萬壽詩》、《內政輯要》、《太上感應篇注》、《講筵恭紀》、《勸學文》、《範行恒言》，此六種《宮史》、《四庫》均未載錄。《清史稿・藝文志》尚有《牛戒彙鈔》，吳松鄰刻有御製《孝獻皇后行狀》。

按，《石渠寶笈》於世祖一字一畫均詳列之，何於御纂書籍轉多遺漏？或謂《感應篇注》等於善書，《講筵恭紀》未成卷帙，所以未列。豈其然乎？史臣贊世祖御製、御纂諸書皆洞徹事宜、昭宣理要，又曰「在位十八年，深仁厚澤，淪浹人心，前纘太宗之緒，後啟列聖之承」等語，今觀諸書，洵非溢美。又《勸善要言》原只清文，咸豐年譯刻，光緒年重刻，有德宗諭旨。

世祖崩於養心殿

《實錄》：順治十八年正月壬子，上不豫。丙辰，大漸。丁巳，崩於養心殿。年二十有四。宣示遺詔。《清史・王熙傳》：上大漸，召熙至養心殿撰遺詔。熙伏地飲泣，筆不能下，上諭勉抑哀痛。即御榻前，先草第一條以進。尋奏移乾清門撰擬，進呈者三，皆報可。是夕，上崩。韓菼〈大學士王熙行狀〉：辛丑，世祖不豫，自元旦至五日，屢入請安，榻前面奉天語，密有奏對。初六日，漏三下，召入養心殿，諭曰：「朕勢將不起，爾可詳聽朕言，速撰詔書。」公匍伏飲泣，筆不能下。世祖諭抑悲痛，即於榻前起草。公拭淚吞聲，先成第一條以進。恐聖躬過勞，奏移乾清門下西圍屏內撰擬。凡三次進覽，皆即報可，日入始脫稿，而世祖竟於是夕上賓。又《清史・麻勒吉傳》：上大漸，召麻勒吉與學士王熙撰擬遺詔，付內廷侍衛賈卜嘉進奏。上命麻勒吉懷詔草，侯上更衣華，與賈卜嘉奏知皇太后，宣示諸王、貝勒。是夕上崩，麻勒吉遵旨將事。觀此，王熙、麻勒吉親承末命，可知吳偉業〈清涼山贊佛詩〉別有寄託，何關正史？後世浮議，更不足論矣。

聖祖本紀

聖祖仁皇帝諱玄燁，世祖第三子。即位，紀元康熙。索尼、蘇克薩、哈必隆、鼇拜輔政。誅內監吳良輔，詔停各省進獻。吳三桂等奏報大軍入緬，緬人執明桂王以獻。元年，命三桂總管雲、貴。六年，帝親政。八年，命行南懷仁推算曆法。逮鼇拜論罪。詔部院科道言民間疾苦。九年，詔訪隱逸。十年，東巡，至盛京，謁陵。後凡三巡。十二年，吳三桂等請撤藩，許之。三桂反，命順承郡王勒爾錦等師討。十三年，耿精忠據福建反。十五年，尚之信劫其父可喜，以廣東變。精忠、之信旋皆乞降。十六年，上御便殿，召大學士等，賜坐，論經史，始設南書房。十七年，三桂僭號，死。十八年，御試博學鴻詞。二十年，平雲南，三桂子世潘自殺。二十二年，幸五臺山，命提督施琅征臺灣，鄭克塽降。二十三年，南巡，閱河。後凡五巡，皆至杭州。二十四年，命公彭春赴黑龍江，攻雅薩克城羅刹，破之。二十七年，武昌兵變，討誅之。命內大臣索額圖等赴尼布楚，與鄂羅斯定邊界。二十九年，噶爾丹犯邊，裕親王福全敗之烏蘭布通。三十二年，鄂羅斯察漢汗來貢，上曰：「外藩朝貢，固屬盛事。傳至後世，未必不因而生事。惟中國安寧則外患不生，當培養元氣為根本耳。」三十五年，上親征噶爾丹，敗遁，勒銘昭莫多而還。三十六年，復親征，次狼居胥山，噶爾丹仰藥死，班師。四十二年，西巡，至西安。四十三年，命侍衛拉錫視河源，至星宿海。四十九年，再廢皇太子允礽。五十年，普免錢糧。五十一年，詔嗣後滋生戶口永不加賦。五十三年，御製《律呂淵源》成。五十六年，詔曰：「帝王以敬天法祖為本，合天下之心以為心，公四海之利以為利，制治於未亂，保邦於未危，夙夜兢兢，所以圖久遠。今雖未敢謂家給人足，俗易風移，而欲使民安阜物之心，始終如一。但天下大權，當統於一，為天下得人難，是以朕垂老而惓惓不息也。」五十七年，命十四子允禵視師青海。五十九年，命年羹堯等分道入藏。六十年，臺灣朱一貴倡亂，捕誅之。六十一年，乾清宮賜千叟宴。上崩，葬景陵。

論曰：聖祖早承大業，寰宇一統，雖曰守成，實同開創。聖學高深，幾暇格物，豁貫天人，尤為古今所未覯。而久道化成，風移俗易，克致太平，道盛德至善，民不能忘，為人君止於仁。嗚呼，聖矣哉！

聖祖誕生

《實錄》：聖祖母孝康章皇后，順治十一年三月十八日誕上於景仁宮。先是，後詣慈寧宮問安，將出，衣裾若有龍繞，太皇太后見而異之，問知有娠，顧謂近侍曰：「朕曩孕皇帝時，左右嘗見朕裾褶間有龍盤旋，赤光燦爛。今妃亦有此祥，生子必膺大福。」至上誕降之辰，五色光氣充溢庭戶，與日並耀，見者咸稱奇瑞云。

福佑寺避痘

《聖祖御製文集》：皇考世祖因朕年幼時未經出痘，令保姆護視於紫禁城外，父母膝下未得一日承歡，此朕抱恨之處。今西華門外福佑寺後殿供奉神牌書「聖祖仁皇帝大成功德佛」，額為「慈容儼在」，相傳其寺為當日保姆護御之邸。

願效法父皇

〈本紀〉：聖祖天表英俊，雙瞳、隆準，耳垂、聲洪。六齡偕弟兄問安，世祖問所欲，皇二子福全言「願為賢王」，帝言「願效法父皇」，世祖異焉。八齡踐阼，太皇太后問以何欲，曰：「惟願天下又安，生民樂業，共用太平而已。」

慈訓

康熙元年，尊聖祖母為太皇太后。御製文〈庭訓〉：朕自幼齡學步能言時，即奉聖祖母慈訓，凡飲食、動履、言語皆有矩度，雖平居獨處，亦承教罔敢越軼。少不然，即加督過，賴是以克有成。八齡纘承大統，聖祖母作書訓誡，教以為君難，必深思得眾則得國之道，使四海咸登康阜，慎乃威儀，謹爾出話，夙夜恪勤，以祇承祖考遺緒。朕仰戴斯言，大懼弗克，遵茲不訓，惟曰：庶其自強不息，以日新厥德。

逮鼇拜

〈本紀〉：康熙八年五月，詔：「逮輔臣鼇拜，交廷鞫。」上久悉鼇拜專橫亂政，特慮其多力難制，乃選侍衛拜唐阿年少有力者，為撲擊之戲。是日，鼇拜入見，即令侍衛等掊而縶之。於是有善撲營之制。王大臣議罪，請族誅，詔貸其死，籍沒拘禁。

南懷仁

《南懷仁傳》：康熙八年，上從南懷仁言，新法測驗，改正閏月，節氣占候，悉用其說。改造觀象臺儀器成，擢南懷仁監正，自是欽天監用西洋人累進為監正、監副，相繼不絕。聖祖嘗言：「當曆法爭議未已，己所未學，不能定是非。乃發憤研討，卒能深造精微，窮極其闡奧。」為天下主虛己勵學如是云。

按，南懷仁日侍左右，每有巡幸，亦必扈從。蓋聖祖潛心天算，隨時隨地常有召對云。

肇舉經筵

《熊賜履事略》：康熙十年，肇舉經筵大典於保和殿，以公為講官，知經筵事。頃之，聖祖以《春秋》兩講為期疏闊，遂命公日進講宏德殿。聖祖日益勤學，有疑必問，尤盡心於堯、舜、羲、孔之道，暨周、程、張、朱五子之學，諮諏討論，達於政事，融會貫通，其端緒自公發之。

撤藩

康熙十二年，吳三桂請撤藩。帝自少時即以三藩勢焰日熾，不可不撤，遂從其請。三桂反，舉朝震驚，帝不為動，立下其子吳世熊於獄，旋誅之。三桂聞報驚曰：「上年少乃能是耶！」為之氣奪，遂不振。又初議撤藩，米思翰堅持，乃定。及三藩皆叛，有追咎主議諸臣者，上曰：「此出自朕意，豈因其叛，諉過於人耶？」卒平之。

知行孰重

《葉方藹傳》：康熙十六年，進講《中庸》，上問：「知、行孰重？」對曰：「朱熹之說，以次序言，則知先行後；以功夫言，則知輕行重。」上曰：「畢竟行重。若不能行，知亦虛知耳。」

南書房

《張英傳》：康熙十六年，聖祖命擇詞臣敦謹有學者日侍左右，設南書房，命英入直，賜第西安門內。詞臣賜居禁城自此始。時方討三藩，軍書旁午，上日御乾清門聽政後，即幸懋勤殿與儒臣講論經史。英率辰入暮出，退或復宣召，輟食趨宮門，縝密恪勤，上益器之。又《高士奇傳》：以明珠薦，入內廷供奉，賜居西安門。上嘗顧侍臣曰：「朕初讀書，內監授以四子本經，作時文。得士奇，始知學問門徑。初見士奇見古人詩文，一覽即知其時代，心以為異，未幾朕亦能之。上奇無戰陳功，而朕待之厚，以其裨朕學問者大也。」又《王士禎傳》：上留意文學，嘗從容問今世博學善詩文者，皆以士禎對。召入對，賦詩稱旨，改翰林院侍講，入直南書房。漢臣自部曹改詞臣，自士禎始。又《沈荃事略》：聖祖召入內殿，論古今書法，嘗諭李光地曰：「朕初學書，沈荃實侍，屢指陳得失。至今每作書，未嘗不思荃之勤也。」又〈本紀〉：聖祖嘗諭曰：「山東人性多偏執，好勝尋仇，惟王士禎無之。」又高士奇屢被劾，既放歸，復召還，恩眷不衰。乃近見士奇《書畫藏目》底本，內分三等，手注「精」者自留玩賞，「次」者可供贈饋，「劣」者專備進呈，見者皆斥其居心不可問云。

博學鴻儒

康熙十七年，詔舉博學鴻儒，內外諸臣各舉所知。膺薦人員陸續到京，諭各量給銀米。因天寒晷短，復諭：「天氣融和，定期考試。」十八年三月初一日，太和殿行禮、領題，體仁閣下考試。上諭：「爾等皆係天下有才學之人，必考試乃得各見所長。今賜爾等宴，歷來殿試及散館大考皆無賜宴之事，此係曠典，爾等知之。」試卷進呈，皆親加批覽，取彭孫遹等五十餘人分別授官，並著纂修《明史》。《鶴徵錄》：周清源未遇時，嘗宿於忠肅祠禱夢，夢忠肅誦王昌齡〈吳江〉詩，末句「壺」字易「衡」字，清源曰：「非『衡』字。」忠肅答曰：「『衡』字好，若『壺』字便不好。」及召試，賦題為「璇璣玉衡」，心竊喜之，果以是入翰林。累擢少司空，蒙賜「一片冰心在玉壺」印章，竟卒於官。又朱彝尊，上久知其名，御試時，遣侍衛索草進閱，擢翰林，入直南書房。

元宴唱和

康熙二十一年正月上元，上御乾清宮賜宴，命諸臣歡忭暢飲，笑語無禁。覆命近御前觀燈，更賜卮酒。既撤筵，諸臣以次出，上命群臣有needs醉者，令內官扶掖而行。並仿柏梁體賦詩，御製首句云「麗日和風被萬方」，群臣集太和殿下，以次賡和焉。

靖海將軍

《施琅傳》：康熙二十二年，琅統兵平臺灣，自海道報捷。疏至，正中秋，上賦詩旌琅功，復授靖海將軍，封靖海侯。琅辭侯封，乞賜花翎，部議謂非例，上命毋辭，並如其請賜花翎。及入覲，上諭琅曰：「當時尚有輕爾者，惟朕深知爾，待爾甚厚。海寇據臺灣，朕特加擢用，爾能不負任使，舉六七年難靖之寇，殄滅無餘。或有言爾恃功驕傲，當留勿遣者，朕思寇亂之際，尚用爾勿疑，況天下已平，反疑而勿遣耶？今命爾復任，宜益加敬慎，以保功名。」

蒙古生計

〈本紀〉：康熙二十三年，上幸古北口，諭曰：「朕視外旗蒙古與八旗一體。今巡幸之次，見其衣食困苦，深用惻然。」即傳諭所過地方蒙古無告者，許其來見，便詢生計。於是蒙古扶老攜幼，叩首行宮門。上詳問年齒、生計，各給銀兩、布匹。

樂此不疲

康熙二十三年，上製〈五臺山碑文〉，召示廷臣曰：「近人每一文出，不樂人點竄，此文之所以不工也。」又，十一月南巡，泊舟燕子磯，讀書至三鼓，侍臣高士奇請少節養，上曰：「朕自五齡受書，誦讀恒至夜分，樂此不為疲也。」

御前作書

《陳元龍事略》：康熙二十四年，入直南書房。明年侍班乾清宮，聖祖顧謂曰：「朕素知爾工書，其作大字一幅。」命就御前作書。上嘉獎，賜以御書《闕里碑文》示之。嘗陳請父之閏年逾八十，擬「愛日堂」三字額，上御書賜之。上南巡，猶詢其父，賜御書「南陔日永」額。

按，聖祖賜元龍父題額，而世竟指為高宗賜世倌母，遂多誤傳。

孝服用布

康熙二十六年，太皇太后崩，帝擗踴哀號、割辮布服。舊制，國有大喪，自宗室、公以上服素帛，今令孝服俱改用布。又欲於宮中行三年喪，群臣議不可，帝不允。其後太學生劉枝桂等五百餘人固請循古制以日易月，帝不得已勉從之。

破肚總兵

《藍理事略》：征澎湖時，中炮，拖腸血戰。臺灣平，為首功。康熙二十六年，入覲，上召至前，問血戰狀，解衣視之，為撫摩傷處，嗟歎良久。又引見皇太后曰：「此破肚總兵也。」視若家人父子。每奏對，皆侃侃直陳，或手舞足蹈不已。上嘉其直率，不為罪，御書「所向無敵」額賜之。

寧壽新宮

康熙二十八年，諭：「朕因皇太后所居寧壽舊宮歷年已久，特建新宮，比舊更加宏敞輝煌。今已告成，應即恭奉皇太后移居寧壽新宮。」

取米一撮

〈本紀〉：康熙二十八年，南巡，上駐揚州，詔曰：「朕觀風問俗，鹵簿不設，扈從僅三百人。頃駐揚州，民間結彩盈衢，雖出愛敬之誠，不無少損物力。其前途經過郡邑，宜悉停止。」還次蘇州，江南百姓籲留停蹕，獻土物為御食，委積岸上，令取米一撮、果一枚，為留一日。

天下第一清官

《施世綸事略》：康熙二十八年，擢守揚州。上南巡，召對，良久，顧左右曰：「此天下第一清官也。」調江寧，以父憂去官，乞留者萬人，不得請，乃人投一錢，建雙亭於府署前，名「一文亭」。

黃梨州

《黃宗羲事略》：聖祖表章儒術。康熙二十九年，徐尚書乾學侍直，上談及遺獻，以先生對，且言：「曾經臣弟元文疏薦，老不能來。」上曰：「可召至京，朕不授以事，即欲歸，可遣員送之。」徐公對以篤老無來意，上歎息不止。

毛西河

《毛奇齡事略》：聖祖精音韻學，剖析精微。先生著《古今通韻》進呈，上覽之稱善。上南巡，進《樂本解說》，詔傳至行在，獎勞。上謁禹陵，迎駕西陵渡，上遙見，遣侍衛勞問。及三巡江浙，先生謁行宮，年老矣，命起立勿跪，且賜御書。時皇太子隨駕，亦賜書屏聯。其蒙恩遇如此。

天算實驗

〈本紀〉：康熙三十一年正月，上御乾清門，出示《太極圖》、《五音八聲八風圖》，因言：「《律呂新書》徑一圍三之法，用之不合。徑一尺，圍當三尺一寸四分一厘，積至百丈，所差至十四丈外矣，寧可用耶？惟隔八相生之說，試之悉合。」又論河道閘口流水晝夜多寡，可以數計。又出示測日晷表，畫示正午日影至處，驗之不差。諸臣皆服。

修路為民

康熙三十三年五月，步軍統領凱音布奏天壇新修之路禁人往來，上曰：「修路以為民也，若不許行，修之何益？後若毀壞，令步兵隨時葺治。」又上幸畿甸，閱視河堤，諭扈從衛士魚貫而行，勿踐田禾。

親征噶爾丹

康熙三十五年正月，上親征噶爾丹。次滾諾，大雨雪，上露立，俟軍士結營畢，乃入行幄；軍中畢炊，乃進膳。至燕圖庫列圖駐營，其地素乏水，至是山泉湧出。次克魯河，噶爾丹不信六師猝至，登孟納爾山，望見黃幄網城，大兵雲屯，漫無涯際，大驚曰：「何來之易耶！」棄其廬帳宵遁。

上乃不疑而獨賜見，真神人也。」

真神人也

康熙三十六年，上巡幸塞外，厄魯特丹濟拉來歸，上獨御氈幄召見之。丹濟拉出語人曰：「我罪人也，上乃不疑而獨賜見，真神人也。」

績學參微

《梅文鼎事略》：康熙四十一年，聖駕南巡，李文貞光地扈駕。有旨取先生所著書，遂以《天學疑問》呈求聖誨，奉旨：「朕留心曆算多年，此事朕能決其是非。」留覽三日，諭云：「昨所呈書甚細心，且議論亦公平，此人用力深矣，朕帶回宮中細閱。」文貞因求親加御筆批正。明年復南巡，發回原書，中間圈點塗抹及簽貼批語皆上親筆也，諭：「文貞偕來見。」尋伏迎河干，召對御舟中，從容垂問，凡三日。上諭文貞曰：「天象演算法，朕最留心。此學今鮮知者，如文鼎實僅見也。」臨辭，特賜「績學參微」四字，又命其孫　成入內廷學習，並諭將《律呂正義》寄去令看，指出錯處，謂：「古帝王有『都俞吁咈』四字，後來遂止有『都俞』，即朋友亦不喜人規勸，此私意也，可將此意寫與汝祖知之。」

獨立船頭射江豚

〈本紀〉：康熙四十五年十月，諭曰：「今天下承平日久，曾經戰陣大臣已少，知海上用兵者益少，他日臺灣不無可慮。朕甲子南巡，由江寧登舟至黃天蕩，江風大作，朕獨立船頭射江豚，了不為意；迨後渡江，漸覺心動；去歲渡江則心悸矣，皆年為之也。問之宿將亦然。今使高年奮勇，何可得耶？」

蒙古書言黃河

康熙四十八年十月，上與李光地論水脈、水源：「泰、岱諸山自長白山來，泲水伏流；黃河未到枳石，亦是伏流。蒙古人有書言之甚詳。江源亦自昆侖來，至於岷山，乃不伏流耳。」

親測河

康熙五十年正月，上視通州河堤，次河西務，登岸步行二里許，親置儀器定方向，釘樁木以紀丈量之處，諭曰：「用此法可以測量天地日月交食，演算法原於《易》，用七、九之奇數不能盡者，用十二、二四之偶數乃能盡之，即取象十二，時二十四氣也。」

六旬萬壽

康熙五十二年，上六旬萬壽，諭：「朕昨見各處為朕保釐乞福者不計其數，實覺愧汗。萬國安，即朕之安；天下福，即朕之福。朕老矣，臨深履薄之念與日俱增，敢滿假乎！」上還宮，各省臣民夾道俯伏歡迎，上駐輦慰勞之。直省祝壽老人賜宴於暢春園，年過八十以上者，扶掖至御前，親視飲酒，諭之曰：「古以養老尊賢為先，使人人知孝知弟，則風俗厚矣。爾耆老當以此告之鄉里。昨日大雨沾足，爾等速回，無誤農時。」各賜白金。

左手執筆

康熙五十四年十月，上諭大學士：「朕右手病不能寫字，用左手執筆批答奏摺，期於不漏泄也。」

東踵問安

《實錄》：康熙五十六年，孝惠皇太后病。上足背浮腫，不能轉移，用手帕纏足，乘軟輿，詣寧壽宮請安。捧皇太后手，慘切異常。以聖體不能支持，出在蒼震門內設帷幄以居。皇太后崩，內大臣等奏：「滿洲舊例，年老疾者皆以孝服為忌。今皇上壽近七旬，又適抱恙，不必行割辮之禮。」得旨：「爾等各有父母，勿過勸阻，朕當力疾盡禮。」上捶膺哀號，即行割辮，孝服用布，慟哭不已。諸皇子屢次叩請，始回蒼震門內。

帝王最苦

〈本紀〉：康熙五十七年，詔曰：「朕八齡踐阼，今年近七旬矣。天下和樂，四海又安，而欲使民安物阜之心，始終如一。殫竭思慮，耗敝精神，殆非勞苦二字所能盡也。古帝王享年不永，世每譏評，不知天下事煩，不勝其勞慮也。人臣可仕則仕，可止則止，年老致歸，優遊自適。帝王仔肩，無可旁委，《洪範》五福，終於『考終命』，以壽考之難得也；《易・遯》六爻，不及君主，人君無退藏之地也。昔人每云帝王當舉大綱，不必兼綜細務，朕不謂然。一事不謹，即貽四海之憂；一念不謹，即貽百年之患。朕從來蒞事，無論巨細，莫不慎之又慎。惟年既衰暮，只懼五十七年憂勤惕勵之心，隳於末路耳。大小臣工，其體朕心。他日遺詔，備於此矣。」

好學不倦

《實錄》：聖祖徇齊天縱，好學不倦，凡帝王政治、聖賢心學、六經要旨，無不洞徹原委。至孝性成，奉事太皇太后、皇太后，竭誠盡敬。勵精求治，日理萬幾，六十餘年，孜孜如一日。戶口繁增，風俗醇美。闢前古未闢之封疆，服從來未服之方國。巡閱河工，指授方略，淮、黃底定。且允文允武，多藝多能，著作吟詠，細楷擘窠，莫不精妙。挽弓十五鈞，用矢十三握，左右騎射，發必中的。至聖學高深，御纂經史性理，以至天文曆數、樂律圖繪，尤古所未有。

又《史事舉要》云：聖祖於古今中外學術無不習，且無不創立新法。中國舊以天元術為最高演算法，後失傳，自西洋天算輸入，帝譯代數曰「借根方」，梅瑴成謂與天元名異實同，由是天元復顯；以湯若望為欽天監正，南懷仁為副，時憲書始用西法；前此輿圖不施經緯線，紀里多誤，帝編《皇輿全覽圖》，命使臣測量極度，極高差一度為地距二百里，又於山脈河流考其源委，故精密亦過前代。又聖祖於希臘、拉丁文字無不兼通，實集古今中外學術之大成云。

教王遣使入覲

康熙五十九年十二月，西洋教王遣使嘉樂奉表入覲。先是，四十四年，羅馬教王格勒門第十一遣使多羅來華人覲，聖祖派沙國安、白晉赴羅馬答拜，中途召回，至是教王復遣嘉樂等奉表章及禁約二件至京請覲。初賜見於九經三事殿，親進表章，行三跪九叩禮。賜宴，上親賜酒，並念天寒，外國衣薄，賜御用貂褂一件。嘉樂進獻教王所貢方物，上復有頒賜。再見於清溪書屋，又召至淵鑒齋，辯論教理，諭令寄字教王，不准傳教，並遣回西洋。嘉樂著有來朝日記。又前有德理格、馬國賢等上教王書，略云：

「每蒙召對，驚仰聖聰與人不同，中國古書極多，無一不背誦；西洋來書雖廣，無一不精通，反為西洋人之師；中國書與西洋書古人之所未及者，俱發明之，聖德聖學可知矣。西洋人所聞者，不過萬分之一耳。」

按，西人崇敬聖祖，詳見所著《康熙大帝》一書。各國皆有譯本，而本國知者轉少，亦可歎也！

尊號陋習

〈本紀〉：康熙六十年三月，群臣請上尊號，上不許，曰：「加上尊號乃相沿陋習，不過將字面上下轉換，以欺不學之君耳。本朝家法，惟以愛民為事，不以景星、慶雲、芝草、甘露為瑞，亦無封禪改元之舉。今西陲用兵，兵久暴露，民苦轉輸，朕方修省經營之不暇，何賀之有？」

聖祖崩

康熙六十一年十一月，帝不豫，自南苑回駐暢春園，命皇四子雍親王恭代祀天。疾大漸，召皇四子於齋宮。召皇三子誠親王允祉、皇七子淳郡王允祐、皇八子貝勒允禩、皇九子貝子允禟、皇十子敦郡王允䄉、皇十二子貝子允祹、皇十三子允祥、尚書隆科多至御榻前，諭曰：「皇四子人品貴重，深肖朕躬，必能克承大統。著繼朕登基，即皇帝位。」皇四子聞召馳至，上告以病勢日臻之故。是日，上崩，壽六十有九。

按，聖祖崩時，諸皇子同承末命，詎容假借？乃有傳位十四皇子之誣。大抵因皇子行次初冠於上，如「四皇子」、「十四皇子」等是，至世宗時始改書為皇幾子，如「皇次子」、「皇六子」等是，而改「十」為「于」之謠，於是起矣。

世宗本紀

世宗憲皇帝諱胤禛，聖祖第四子。即位，紀元雍正，命貝勒允禩、皇十三弟允祥、大學士馬齊、尚書隆科多總理事務。元年，頒詔訓飭督、撫、提、鎮以下文武各官，又訓內閣大學士等，及諭八旗等。除山西、陝西樂籍，改業為良民。旋並除紹興惰民丐籍，永禁徽、寧等處伴當、世僕名色。二年，青海平，封年羹堯一等公、岳鍾琪三等公。三年，以固安官地二百頃為井田。議年羹堯罪，賜死。四年，雲南總督鄂爾泰請苗疆改土歸流。宣皇八弟允禩等罪狀。設浙江觀風整俗使。五年，與鄂羅斯定界於恰克圖。定官員頂戴之制。議隆科多罪，議延信罪，俱禁錮。減浙江嘉、湖田賦十之一，永為例，並免江蘇額徵浮糧。七年，刊《大義覺迷錄》。命傅爾丹征準噶爾。始設軍機房。十年，策凌敗准夷於額爾得尼，加超勇名號；削傅爾丹職，岳鍾琪逮京。十一年，諭州縣設立社倉。十二年，議遣使準噶爾宣諭。十三年，準噶爾賫表進貢，敕令定界。詔：「地方立保甲，必順輿情。為政以得人為要，不得其人，雖良法美意，徒飾觀聽，於民無濟也。」上崩，遺命莊親王允祿、果親王允禮、大學士鄂爾泰、張廷玉輔政，葬泰陵。

論曰：聖祖政尚寬仁，世宗以嚴明繼之，勵精求治，朝乾夕惕，無一日寧。嘗歎曰：「為君難！」夫知為君之難，敬天憂民，勤勞無逸，天下尚有不治者乎？

世宗誕生

《實錄》：世宗母孝恭仁皇后，康熙十七年戊午十月三十日寅時誕生，有夢月入懷之兆。舉止端凝，目光炯照，性尤孝友。值二阿哥罪發，眾議當幽禁，上獨涕泣不能起，聖祖為之動容。平日無私交、無黨援，嶷然自守。聖祖嘗諭諸大臣曰：「朕萬年後必擇一堅固可託之人與爾等作主。」蓋天心默定，神器攸歸久矣。

始居養心殿

世宗初即位，諭云：「朕思乾清宮乃皇考六十餘年所御，朕即居住，心實不忍，意欲居於養心殿。著將殿內略為葺理，務令樸素朕居養心殿守孝二十七月，以盡朕心。」

按，自後遂以養心殿為寢宮。

密緘建儲

〈本紀〉：雍正元年，召王大臣九卿面諭曰：「建儲一事，理宜夙定。去年十一月之事，倉卒之間，一言而定。聖祖神聖，非朕所及。今朕親寫密封，緘置錦匣，藏於『正大光明』扁額之後，諸卿其識之。」

孫嘉淦

《孫嘉淦事略》：世宗初立，公官檢討，上封事三，曰「親骨肉」、曰「停捐納」、曰「罷西兵」，上召諸大臣示之，責翰林院掌院學士曰：「爾翰林乃容此狂士！」學士叩頭謝。朱文端在側，徐對曰：「此生誠狂，然臣服其膽。」良久，上大笑曰：「朕亦不能不服其膽。」即召對，授國子監司業。他日，上手指公示九卿曰：「朕即位以來，孫嘉淦每事直言極諫，朕不惟不怒，且嘉悅焉，爾等當以為法。」

方苞

《方苞事略》：初，以戴名世案被罪，雍正元年，世宗以覃恩首免之。後召見，足弱不能行，命二內監扶掖至養心殿，顧視嗟歎久之，有「先帝持法朕原情」之諭，賜芽茶二器，命仍充武英殿總裁。

朋黨論

《實錄》：雍正二年，上以諸王大臣互為朋黨，自即位至今一年以來此風猶未盡除，因頒示御製〈朋黨論〉一篇，令群臣洗心滌慮詳玩熟體之。

夕惕朝乾

〈本紀〉：雍正三年三月，年羹堯表賀日月合璧，將「朝乾夕惕」寫作「夕惕朝乾」，詔切責之曰：「年羹堯非粗心者，是直不以朝乾夕惕許朕耳。則年羹堯青海之功，亦在朕許與不許之間，未可知也。顯係不敬，其明白回奏。」旋以欺罔貪殘、大逆不道論罪，賜自盡。

阿其那

《實錄》：雍正四年二月，諸王大臣合議允祀不孝不忠、悖亂奸惡，請即行正法。上御勤政殿，特召諸王大臣及允祀入，諭曰：「允祀乃皇考之子、太祖太宗之孫、朕之弟也，今日之舉，列祖皇考在天之靈昭鑒於上，儻允祀不應正法，而爾等妄行陳奏，以殘害列祖皇考之子孫而陷朕於不義，爾等之罪尚可逭乎？朕曾降旨斷不治允祀之罪，今令離宗，亦因伊指天發誓，詛咒一家，此萬不得已耳。」旋命圈禁高牆，又命改名，詢問允祀，自改名阿其那，改伊子弘旺名菩薩保，又允禟改名塞思黑，並允禵等皆禁錮。

名教罪人

〈本紀〉：雍正四年三月，侍講錢名世投詩年羹堯。事發，革去職銜，上親書「名教罪人」四字懸其門，並令文臣作為詩文刺惡之。

天賜奇臣

《鄂爾泰事略》：雍正四年，署雲貴總督。貴州苗亂，奏：「欲百年無事，非改土歸流不可；欲改土歸流，非大用兵不可。宜悉令獻土納貢，違者剿。」疏上，盈廷失色，世宗大悅曰：「此奇臣天賜朕也。」命進呈生年月日，手鑄「三省總督」印以賜。苗平，陛見，領軍機。受世宗非常之知，每入朝，盡三鼓方出，語秘，外莫能知。上嘗云：「朕有時自信不如信鄂爾泰之專。」事無大小，必命平章以聞。

舅舅隆科多

《實錄》：世宗初立時，以隆科多受顧命，諭稱「舅舅隆科多」，蓋孝懿仁皇后弟也。雍正五年，隆科多獲罪，命王大臣會鞫。以聖祖升遐，隆科多妄言身藏匕首以防變；又自稱白帝受命之日，即死期將至之時；上躬祀壇廟，妄謂防刺客，令搜查神案；上謁陵，妄奏諸王心變，具獄辭，罪凡四十一款。帝召議政大臣、內閣九卿等，諭曰：「隆科多所犯各款，實不容誅。但皇考升遐之日，召朕之兄弟及隆科多入見，面降諭旨，以大統付朕，是大臣之內承旨者惟隆科多一人，今因罪誅戮，朕心有所不忍。免其正法，於暢春園外築屋三楹，永遠禁錮。」

李紱

《李紱事略》：雍正七年，謝濟世供出：「昔參田文鏡，由李紱、蔡珽授意。」世宗大集廷臣，命公隨入，跪階下，親詰責之。天顏甚厲，聲震殿角，近臣皆股栗，公奏對如常，無乞憐語。世宗知公深，特惡其倔強，欲痛有所摧折，仍湔洗而復用之。兩次決囚，命縛公與蔡尚書同至西市，兩手反接，刀置頸，問：「此時知田文鏡好否？」對曰：「臣愚，雖死不知田文鏡好處。」乃宣旨赦還，卒寬免。

軍機房

《張廷玉傳》：雍正七年，上以西北用兵，命設軍機房隆宗門內，以怡親王允祥、廷玉及蔣廷錫領其事，嗣改稱「辦理軍機處」。廷玉定規制：諸臣陳奏，常事用疏，自通政司上，下內閣擬旨；要事用摺，自奏事處上，下軍機處擬旨，親御硃筆批發。自是內閣權移軍機處，大學士必充軍機大臣，始得預政事，日必召入對，承旨參與機密。廷玉周密勤慎，尤為上所倚。上偶有疾，獎廷玉等翊贊功，予世職，遺詔命他日配享太廟。

殺道士

《清史綱要》：雍正八年，河南道士賈自芳，舊居京師白雲觀，以薦入宮治病，口誦經咒，有「天地聽我主持，鬼神歸我驅使」之語，帝惡而殺之。

錮僧人

《龔鑒事略》：初知甘泉縣事。世宗晚習禪悅，僧明慧者曾與內廷法會，干謁遍大江南北。一日，以書幣關白於君，君杖其使而遣之。事竟上聞，上召明慧還京，錮之，不許復出。

二十八經同函

雍正十三年，校刻《金剛》、《圓覺》等二十八經及《御選語錄》等十二種，名曰「二十八經同函」，又有《歷代禪師前、後集》等，皆御製序言，自署「圓明居士」。略云：「朕少年時喜閱內典，國師章嘉梵行精純、圓通無礙，藩邸清閒，時接茶話。曾延僧眾隨喜，同坐兩日，共五枝香，即洞達本來。叩問章嘉，乃曰：『若王所見，如針破紙窗，從隙窺天。雖云見天，然天體廣大，計隙中之見，可謂偏見乎。』朕復著力參求，晚經行次，出得一身透汗，桶底當下脫落，始知實有重關之理。乃復證問，章嘉云：『雖進一步，譬猶出在庭院中觀天矣。然天體無盡，究未悉見。』至次年靜坐，無意中忽拓末後一關，方達三身四智合一之理、物我一如本空之道，慶快平生。詣章嘉所禮謝，國師望見，即曰：『王得大自在矣。』此朕平生參究因緣，章嘉實朕證明恩師也。其他禪侶，迦陵性音輩不過曾在藩邸往來，曾與法會耳。」又御製《當今法會序》：「朕選輯語錄，聽政餘暇，嘗與在廷王大臣言之，未及半載，而王大臣之能澈底洞明者遂得八人，豈非法會盛事！因取王大臣所著述擇編一集，錫名《當今法會》。至在內焚修之沙門羽士，亦有同時證人者六人，其所作亦附刊云。」

世宗崩

〈本紀〉：雍正十三年八月，上不豫。時駐蹕圓明園，皇四子寶親王與和親王弘晝朝夕謹侍。疾大漸，召莊親王允祿、果親王允禮，大學士鄂爾泰、張廷玉，領侍衛內大臣豐盛額、訥親，內大臣戶部侍郎海望入受顧命，宣旨傳位皇四子。次日，崩，壽五十有八。奉大行皇帝還宮，啟雍正元年立皇太子密封，宣詔即位。《張廷玉傳》：召莊親王等至寢室，鄂爾泰、張廷玉恭捧御筆，親書密旨，命皇四子寶親王為皇太子，即皇帝位。《鄂爾泰事略》：世宗晚年常召公宿禁中，逾月不出。是夜召受顧命者惟公一人。公捧遺詔，從園深夜馳入禁城，護高宗登極，宿禁中七晝夜始出。人驚公左褲紅濕，方知夜馳時為羸所傷，公竟不覺也。

以上所述略異。倉卒傳聞，不免參差。惟世宗之崩，相傳修煉餌丹所致，或出有因。至傳位之詔，元年密緘，曾見明諭，無可疑也。

高宗本紀

高宗純皇帝諱弘曆，世宗第四子。即位，紀元乾隆，修《明史》成。元年，御試博學鴻詞，次年續試。四年，敘張廣泗經略苗疆功。八年，命奉宸院試行區田法。東巡謁陵，後凡四巡，皆至盛京。十三年，幸魯，謁孔林。以傅恒為經略，統金川軍務。十四年，大金川莎羅奔、郎卡乞降。十五年，巡幸嵩、洛。十六年，南巡至杭州，後凡五巡。十八年，蘇祿國王請內附，併入貢。二十年，命班第、阿睦爾撒納等征準噶爾，克伊犁，獲達瓦齊，準部平。阿睦爾撒納叛，討之。二十三年，命兆惠等征回部，次年平。二十六年，賜功臣畫像紫光閣。三十三年，征緬甸，旋緬酋稱臣納貢。三十八年，詔修《四庫全書》。四十一年，以平定兩金川，賞阿桂等功，復賜圖像。四十六年，暹羅國王鄭昭請入貢。以御史劉天成奏，諭曰：「均田之法，勢必致貧者未富，富者先貧，不可行。」五十年，舉千叟宴。五十三年，臺灣林爽文作亂，擒誅之。五十三年，命孫士毅征安南。次年，安南國王阮光平乞降，併入覲。五十六年，命福康安、海蘭察等征廓爾喀。次年，廓人乞降。五十八年，英吉利貢使馬戛爾尼等入覲。各省奏報民數三萬七百四十六萬有奇，較康熙四十九年增十五倍，上諭曰：「生之者眾，食之者寡，勢必益形拮据。各省督撫及有牧民之責者務當勸諭化道，俾皆儉樸成風，服勤稼穡，惜物力而盡地利，共用升平之福。」六十年，立嘉親王為太子，以明年為嗣皇帝嘉慶元年，行傳位禮，尊為太上皇帝。四年，崩，葬裕陵。

論曰：高宗揆文奮武，開疆拓宇，於斯為盛。享祚之久，同符聖祖，而壽考則過之，三代以後未嘗有也。惟耄期倦勤，蔽於權幸，為可歎焉。

高宗誕生

〈本紀〉：高宗母孝聖憲皇后，康熙五十年辛卯八月十三日子時誕上於雍邸。隆準頎身，聖祖見而鍾愛，令讀書宮中，過目成誦。木蘭從獮，命侍衛引射熊，甫上馬，熊突起，上控轡自若，聖祖御槍殪熊，入武帳，顧語溫惠皇太妃曰：「是命貴重，福將過予。」高宗御製〈獅子園詩〉注：予十二歲，蒙皇祖命養育宮中。是年，皇考請皇祖幸本園，進膳，皇祖指予謂皇妣孝敬憲皇后曰：「帶其生母來見。」皇祖連謂之「有福之人」。即今仰窺皇祖恩意，似已知予可以付託，因欲豫觀聖母福相也。

高宗生於雍和宮

高宗生於雍邸，即雍和宮。富察敦崇《皇室聞見錄》有〈辨誣〉云：「俗謂雍正在藩邸時，王妃誕生一女，恐失王眷，適有鄰居海寧陳氏恰生一男，命太監取而觀之，既送出則易女矣，男即乾隆也。夫以雍正之英明，豈能任後宮以女易男？且皇孫誕生，應由本邸差派太監面見內奏事先行口奏，再由宗人府專摺奏聞，以備命名，豈能遲至數日數月方始聲報耶？其誣可知。」

可亭先生

《朱軾傳》：高宗初典學，世宗命軾為師傅，設席懋勤殿，行拜師禮。軾已經訓進講，亟稱賈、董、宋五子之學，高宗深重之，〈懷舊〉詩稱「可亭朱先生」。可亭，軾號也。

舊學受知

《梁詩正事略》：初，公直上書房，侍高宗及誠、和兩親王講讀，以舊學受知。自言嘗為高宗作擘窠大字，適憲皇帝駕至，諸臣鵠立以竢，憲皇帝命竟其書，墨漬袍袖，又命高宗曳之。今藏此衣三十年，他時服以就木，庶存歿志君恩也。

從祀元臣

《張廷玉傳》：高宗即位，特命進二等伯，賜號勤宣，尋諭：「本朝文臣無爵至侯、伯者，廷玉為例外。」命自兼，不必令子若靄襲。又諭：「廷玉年已過七十，不必向早入朝。炎署風雪，無強入。」若靄卒，上以廷玉入內廷須扶掖，命次子庶起士若澄直南書房。十三年，以老病乞休，上諭曰：「卿受兩朝厚恩，且奉皇考遺命配享太廟，豈有從祀元臣歸田終老？即以朕十餘年眷待，亦不當言去。朕且不忍令卿去，卿顧能辭朕去耶？」然廷玉實老病，言：「受上恩，不敢言去，願得暫歸。」上乃許廷玉致仕，命待來春冰泮舟行歸里，親製詩三章以賜。廷玉入謝，言：「蒙世宗遺命配享，乞上一言為券。」上意不懌，猶為頒手詔，申世宗成命。次日遣子若澄入謝，上以廷玉不親至，遂發怒，命削伯爵，罷配享，盡繳歷年頒賜諸物。及卒，命仍遵世宗遺詔配享太廟。終清世漢大臣配享太廟，惟廷玉一人而已。

高宗初政

洪亮吉《上成親王書》：乾隆初年，純皇帝宵旰不皇，勤求至治。其時如鄂文端、朱文端、張文和、孫文定等皆侃侃老成。亮吉恭修《實錄》，見每日硃筆細書，摺成方寸，或詢張、鄂，或詢孫、朱，曰「某人賢否」、「某事當否」，日或十餘次。諸臣亦皆隨時隨事奏片，質語直陳。是上下無隱情，純皇帝固聖不可及，而亦眾正盈朝，前後左右皆嚴憚之人故也。

博學宏詞

〈本紀〉：乾隆元年九月，試博學宏詞。《鶴徵錄》：雍正十一年，詔薦博學宏詞，至是始試。故事，給札體仁閣下。上以雪後，特命保和殿考試。題皆御筆硃書，試卷進呈，欽定甲乙。一等十五人，十月五日養心殿引見，天顏溫霽，獎厲授職有差，並賜《日知薈說》各一帙。是日引見時，雙鵲噪殿脊良久，上顧而色喜。劉綸〈山雞舞鏡〉詩有句云「可能對語便關關」，上深嘉許，親拔為第一。

詩片

《汪由敦事略》：高宗天才敏捷，日課數詩，皆用丹筆作草，令內監持出，付公及劉文正用素楮楷繕之，謂之「詩片」。上以公老於文學，尋常碑記之作每命公屬草，及進呈，經御筆刪改，往往出意表，然後知聖學尤不可及也。

按，公與於文襄常代御筆作書，公筆意圓渾，尤相似，幾不能辨也。

失一股肱

《劉統勳事略》：公少直南書房，每日雞鳴入，上已遣中使捧御製詩文稿至，命公錄於冊上。公對燭書之，多者千餘言，比日射觚棱，已寫訖恭進，蓋十餘年如一日也。及薨，上親臨其喪，見室無長物，寒氣襲人，上大慟。回蹕，哭至乾清門，流涕謂樞臣曰：「朕失一股肱矣。」

深夜達覽

《陳大受事略》：乾隆十三年，充軍機大臣，兼直上諭處。時金川用兵，上憂勤方略，軍書如織，雖深夜必達覽。公日數被召對，夜宿直廬，凡樞密重事皆與焉。

巡幸嵩洛

《實錄》：乾隆十五年，巡幸河洛。上登嵩山，巡撫鄂容安奏「恭遇駕幸河南，通省紳民情願捐輸，共收銀五十八萬餘兩」等語，上諭：「朕時巡方岳，一應道路、橋樑等費皆准開銷正項，從無絲毫累民之事，曾何藉於轉將？鄂容安此奏殊失政體，著傳旨申飭，所有紳民樂輸之項俱著發還。」

蘇祿國請內附

〈本紀〉：乾降十八年，蘇祿國王遣使勞獨萬查剌請內附，下部議。《實錄》：十九年，蘇祿國王蘇老丹嘛喊味麻安柔律噒遣使表進方物，請入附版圖，得旨：「覽王奏，進貢方物，具見悃忱。爾國遠隔重洋，輸誠向化，良可嘉尚。所請將疆土人丁戶口編入中國之處，部議毋庸賫送圖籍，已有旨了。」

按，蘇祿國表文二道，一左行洋文，一翻譯漢文，均黃綾本，舊存內閣大庫，余曾見之。

特擢七階

〈本紀〉：乾隆二十二年四月，直隸總督方觀承劾奏巡檢張若瀛擅責內監僧人，上斥觀承為不識大體，仍諭內監在外生事者聽人責懲。未幾，張若瀛特擢七階。

秦趙高

高宗裁抑宦官，奏事處太監皆賜改王姓，使無從識別，免內外交結；普賜御前太監姓曰秦、趙、高，以示儆惕。

湖山神位

《李衛傳》：高宗南巡，見西湖花神廟衛自範像並及其妻妾，號曰「湖山神位」，諭曰：「衛仰借皇考恩眷，任性驕縱，初非公正純臣。託名立廟，甚為可異。」命撤像毀之。

奴才

《清史綱要》：乾隆二十三年，諭：「滿洲大臣奏事，稱『臣』、稱『奴才』不一，著傳諭，嗣後頒行公事摺稱『臣』，請安謝恩尋常摺奏，仍稱『奴才』，以存滿洲舊體。」

禁屈膝

又乾隆二十八年，禁部院司官見堂官屈一膝，及因有懇求之事免冠叩首；又途次相遇，有彼此乘馬，屬官竟行下馬者。旋又命蒙古王公見各大臣不得屈膝。

社稷臣

《傅恒傳》：乾隆三十四年，傅恒卒，上親臨其第酹酒。及賦〈懷舊〉詩，許為「社稷臣」。傅恒直軍機二十餘年，日侍左右，以勤慎得上眷。故事，軍機諸臣不同入見。乾隆初，惟訥親承旨。傅恒自陳不能多識，乞諸大臣同入見。上晚膳後有所諮訪，又召傅恒獨對，時謂之「晚面」。又軍機大臣既承旨，退自屬草，至傅恒始命章京具稿以進。

汗阿瑪

《福隆安傳》：傅恒子福隆安尚高宗女和嘉公主，授和碩額駙、御前侍衛，擢兵部尚書、軍機處行走，襲一等忠勇公。

按，福隆安尚主，為高宗所寵眷，摺奏稱上曰「汗阿瑪」，譯言父皇也。

四庫全書

〈本紀〉：乾隆三十八年，命修《四庫全書》。上年先詔訪經籍送京備閱，後朱筠奏輯《永樂大典》，劉統勳謂非急務，于敏中仰窺上意，力贊其事。派員開館，並諭：「書成名曰《四庫全書》。」十載始成，全書三萬六千冊。先繕四部，分藏文淵、文源、文津、文溯四閣；後繕三部，頒藏文宗、文匯、文瀾三閣。別輯《四庫全書薈要》，凡一萬二千冊，一貯大內摛藻堂、一貯圓明園味腴書室。《宮史》：《四庫全書》大而經訓史法，細而博物考名，權衡綱領，莫不上秉睿裁，詳節年所頒諭旨。又嘉慶年覆命將高宗御集及典略等書續繕尊藏，亦歸入《全書》云。

候朕緩緩酌辦

《朱筠事略》：朱筠既請輯《大典》，復請校正《十三經》文字，勒石太學，高宗手諭曰：「候朕緩緩酌辦。」入《四庫》館，上嘗稱許朱筠學問、文章殊過人，于敏中言朱筠辦書過遲，上曰：「可令促之。」不以責也。及出督學政，猶獎勉有加。

戴震尚在否

《戴震事略》：詔開《四庫全書》館，以薦人。首校《水經注》，高廟褒嘉。御製詩題卷首及校刊石經，上猶命小璫問南書房諸臣：「戴震尚在否？」對曰：「已死。」上歎息久之。

聚珍版

乾隆三十八年，高宗《聚珍版詩》序云：「校輯《永樂大典》內之散簡零編，並搜訪遺籍，彙為

《四庫全書》，擇刻流傳。第種類既多，付雕非易，董武英殿事金簡以活字法為請，既不濫費棗梨，又不久淹歲月，用力省而成功速，至簡且捷。考昔沈括《筆談》記宋慶曆中有畢升為活版，以膠泥燒成；而陸深《金臺紀聞》則云毗陵人初用鉛字，視版印尤巧便，斯皆活版之權輿。顧埏泥體粗，鎔鉛質軟，俱不及鋟木之工致。茲刻單字計二十五萬餘，雖數百十種之書，悉可取給。而校讎之精，今更有勝於古所云者。第『活字』之名不雅馴，因以『聚珍』名之。」

按，此為乾隆木刻聚珍版。康熙年先有銅活字，高宗〈題武英殿聚珍版詩〉注云：「康熙年間編纂《古今圖書集成》，刻銅字為活版，排印蕆工，貯之武英殿。歷年既久，銅字或被竊缺少，司事者懼干咎，適值乾隆初年京師錢貴，遂請毀銅字供鑄，所得有限而所耗甚多，已為非計。且使銅字尚存，則今之印書不更事半功倍乎！」深為惜之。

按，康熙銅活字既毀於鑄錢，乾隆木活字久貯武英殿，後亦為直殿宿衛焚以取暖，遂皆無存云。

賜陀羅尼經被

《于敏中傳》：乾隆四十一年卒，賜諡文襄，准入祀賢良祠。敏中初為軍機大臣，敏捷過人，承旨得上意。後以內監高雲從漏泄硃批，謂敏中嘗向探問，詔切責之。又數年，病卒。史論高宗英毅，大臣有過失，不稍假借。世傳敏中以高雲從事失上意，後有疾，令休沐，遽賜陀羅尼經被，遂以不起，復下罷祠之詔，至引嚴嵩為類云。

按，陀羅尼經被向用賜殮，今因病賞此，蓋不啻賜死也。

古稀天子

乾隆四十五年，七旬萬壽，撰《古稀說》，刻「古稀天子之寶」，又刻「五福五代堂古稀天子寶」；及八旬，又刻「八徵耄念之寶」，皆御製有記並詩，注曰：「三代下諸帝登七十者僅六見，六帝之中以梁武帝、宋高宗、元世祖為年高，而梁武帝自貽傾覆，宋高宗忘恥偷安，皆所素鄙；惟元世祖乃創業大有為之君，然踐阼非早，建號僅三十五年，亦不能如今五世同堂之盛。是則予之仰荷天眷至為深厚，不特云稀，且自古所未有也。」

按，余藏有「古稀天子之寶」、「五福五代堂古稀天子寶」各一方，白玉，方五寸，交龍鈕，甚精。又藏「八徵耄念之寶」，石刻，方二寸，雲龍鈕，微有裂損。

九世同居

〈本紀〉：乾隆四十九年，河南偃師縣任天篤九世同居，上賜御製詩、御書扁額，稱為「人瑞」云。

十全老人

乾隆五十七年，御製《十全記》，令翻寫四體字，建蓋碑亭，以昭武功。「十全」者，兩平準噶爾，定回部，再定金川，靖臺灣，服緬甸、安南，並降廓爾喀也。又鐫「十全老人之寶」，並為說曰：「『十全』本以紀武功，而老人之十全則尚未全。蓋君人之職，豈止武功一事哉！」

英使入覲

〈本紀〉：乾隆五十八年七月，上駐蹕避暑山莊。英吉利貢使至，上御萬樹園大幄，英吉利國正使馬戛爾尼、副使斯當東等入覲。近譯英使馬戛爾尼《入覲日記》云：「余等於園門下車，步至大天幕內，約待一時，鼓樂聲作，報龍駕已近。出見帝坐輿上，十八人抬行，有持傘者，有捧大小旗者，百官扈從，中國臣民皆俯伏。余等以一膝屈拜禮迎之。待其已就寶座，余持英王信箱由側面石階而上，捧呈於帝，帝交首相，置繡墊上。於是帝以贈英王之玉如意授余，而述願與英王親善之意，又贈余以綠色玉如意。余捧呈金鋼石、琺瑯時錶二，帝閱後，交與首相。余副斯當東亦行一屈膝拜禮，捧呈美麗空氣槍二，帝亦賜以綠玉如意。余等乃離御座，就列於帝左邊之席，後召余出坐，賜以御手所斟之酒各一杯。此時頻頻問答，帝威儀凜然而親愛謙讓之德流露於外，待遇余等可謂殷勤。觀其風神，年雖八十三歲，望之如六十許人，精神矍鑠，可以凌駕少年。飲食之際，次序規則極其嚴肅，殊堪驚異，其儀式靜穆而莊嚴，頗似聖餐式之典禮。御座設圓形天幕之內，直徑不過二十四、五碼，而樹柱甚多，有鍍金者、有漆色者，窗戶位置、器具配布、懸掛之物、鋪設之品，色彩調和，壯麗巧妙，縱覽一過，頗覺愉快。次日，賜遊萬樹園。遇帝駕出，御目覽及余等，即命停止，親與余等談話。帝之態度，雖對下位，毫無傲色，實可稱揚云。」

西洋人之記高宗

英國大使馬戛爾尼《日記》云：「乾隆皇帝每日早上三時起床，入塔拜佛後，覽奏疏。七時朝餐，次召首相御朝辦事。午後三時食後，赴劇場，或從事於他種娛樂，或讀其所愛之書。其就寢時間無逾七時以後者。皇后一人，第一級之妃二人，第二級者六人，宮女百人。后所生皇子數人，妃及宮女所生者又有數人。皇女數人，均嫁於韃靼王公大臣，未有一人嫁漢人者。彼有才能、有學識，自信力厚，勤勉仁慈，對其臣下叮嚀溫和，對於其敵復仇之念甚強。當其地位偉大、勢力隆盛，意氣飛揚；若少招失敗，即痛恨不已。無論何事，嫌落人後。不甚信任諸大臣。一旦震怒，不易安慰。皇子有達四十餘歲者，尚不參預密議，亦不與以重權。太子屬諸何人，不得而知也。」

東洋人之論高宗

日人所著《清朝全史》云：「乾隆帝雖惡滿人感染漢習，而在己則甚耽漢人之文化，御製詩至數萬首。常誇其博雅，每一詩成，使儒臣解釋，不能即答者，許其歸家涉獵。往往翻閱萬卷而不得其解，帝乃舉其出處，以為笑樂。又好鑒別書畫，收藏甚多。其書法雖妙，似少氣魄；而康熙帝則骨力有餘，豐潤不足；至雍正之書，有才有氣，不類王者筆跡，各見其長。關於語學，雖不聞如康熙帝之常學拉丁，但精於滿、蒙、梵文，殆可深信。惟帝之異於康熙者，在西洋科學知識之缺乏是也。對於西洋畫法之趣味，兩帝所同，觀焦秉貞之畫《耕織圖》，可以知康熙之性格；觀郎世寧所畫《準噶爾貢馬圖》，可以窺乾隆之嗜好。康熙、乾隆時雖並稱，而細思之，一為創業之君，開拓國運；一為守成之主，坐享太平。譬如一家，前者自田間奮起經營產業，有備嘗甘苦之象；後者則否，生為貴公子，長為富家翁，席豐履厚而已。」

太上皇帝

〈本紀〉：乾隆六十年，宣示立皇太子，以來歲元旦傳位皇太子為嗣皇帝，並諭曰：「朕於明年歸政後，凡有繕奏事件，俱書『太上皇帝』，其奏對稱『太上皇』。」《宮史》：命鐫「太上皇帝之寶」，為欽定喜字第一號玉所製。嘉慶丙辰元旦，行內禪禮，先於寧壽宮皇極殿御案，左陳「太上皇帝之寶」，右陳《十全老人之寶說》玉冊，備東朝巨典，屏尊號虛文，實為受福延洪之殆基云。

按，《寶譜》載：「太上皇帝之寶」，碧玉，方七寸，厚三寸六分，交龍鈕，高二寸四分，四周鐫聖製詩。此為第一號玉寶，尚有大小多方。余亦藏有「太上皇帝之寶」一方，碧玉，方五寸，交龍鈕，四周未鐫詩。

乾隆六十一年時憲書

高宗《丙辰元旦詩》注：「予紀號乾隆，慶周六甲，詔以丙辰為嗣皇帝嘉慶元年，頒朔中外。嗣皇帝懇請時憲書仍用乾隆年號，因允每年備乾隆紀年憲書百帙，以為頒賜宮庭及御前親近王大臣等之用，其通行天下者俱用嘉慶年號。」

按，自是至四年皆照行，故宮中有乾隆六十一、二、三、四年時憲書，余亦曾各藏有一冊。

高宗崩

高宗既為太上皇帝，軍國重務仍秉訓裁決，大事降敕旨。嘉慶四年，崩於養心殿，壽八十有五。

仁宗本紀

仁宗睿皇帝諱顒琰，高宗第十五子。嘉慶元年，高宗傳位，上奉太上皇帝訓政。湖北教匪起。平湖南苗亂。二年，乾清宮災。四年，太上皇帝崩，上始親政。大學士和珅以罪賜死。詔申軍紀。七年，以陝、楚教匪平，賞額勒登保、德楞泰、勒保等功。十年，查禁西洋人刻書、傳教。上詣盛京謁陵。十三年，詔獎湖南辰沅永靖道傅鼐治苗有法，加按察使。十四年，海盜蔡牽平，追贈李長庚及賞王得祿等功。十六年，禁西洋人潛居內地。十八年，申嚴販食鴉片煙律。教匪林清黨犯闕，下詔罪己。平滑縣教匪，賞那彥成等功。十九年，命開墾伊犁、吉林荒地。二十年，頒制官箴。百齡以捕獲逆犯，晉三等男。二十一年，英吉利遣使表貢。二十三年，風霾，再詣盛京，詔曰：「國家臨御日久，宜加意於人心風俗，而人心之正、風俗之醇，則繫於政教之得失。從嚴從寬，必準諸理，施行所及，乃能大畏民志，民志定，民心正矣。潛移默化，整綱飭紀，正人心以正風俗，凡我君臣，其交勉之。」二十五年，崩，葬昌陵。

論曰：仁宗初逢訓政，治躬蒞萬幾，鋤奸登善，削平逋寇，捕治海盜，崇儉勤事，闢地移民，皆為治之大原也。

仁宗誕生

《實錄》：仁宗母孝儀純皇后，乾隆二十五歲庚辰十月初六日丑時誕上於御園之天地一家春。上自六齡時，隨駕至木蘭。高宗巡視江浙，祇謁闕里，及歲行秋獮，恒侍行幄。定省之暇，懋學稽古。所居書室五楹，取三餘之義，顏以「味餘」。喜讀諸史、《通鑒》，製有《全史詩》。初封嘉親王，高宗以周甲歸政，先冊為皇太子，遂傳位於上云。

聖主無過言

《董誥傳》：嘉慶元年，授受禮成，詔朱珪來京，將畀以閣務。仁宗賀以詩，屬稿未竟，和珅取白高宗，謂：「嗣皇帝欲市恩於師傅。」高宗色動，顧誥曰：「汝在軍機、刑部久，是於律意云何？」誥叩頭曰：「聖主無過言。」高宗默然良久，曰：「汝大臣也，善為朕輔導之。」乃以他事罷珪之召。

初政之美

《朱珪傳》：嘉慶四年正月，高宗崩，仁宗即馳驛召珪。至京，哭臨，上執珪手哭失聲，命直南書房，時召獨對，用人行政，悉以諮之。珪造膝密陳，不關白軍機大臣，不沽恩市直。上傾心一聽，初政之美，多出贊助。十年，拜體仁閣大學士。以老乞休，溫詔慰留，賜玉鳩杖，命天寒間二三日入直。未幾，召對乾清宮，眩暈，扶歸第，卒。上親奠，哭之慟。

伯相

〈本紀〉：嘉慶四年正月，太上皇崩，和珅被劾議罪，詔：「中外陳奏，直達朕前，不許副封關會軍機處。」初，和珅專權，凡內外章奏皆令錄副先達軍機，遇事擅專，橫溢無檢，甚至廷寄前行，專署已銜姓，天下稱「伯相」。見《吳熊光事略》。至是一切盡復舊制。

首劾和珅

《廣興傳》：嘉慶四年，廣興首劾和珅罪狀，為上倚任。廣興亦慷慨直言，召對每逾晷刻。上曰：「汝與初彭齡皆朕信任之人，何外廷怨恨乃爾？」廣興頓首謝。數奉使，赴山東、河南按事，益作威福，中外側目。內監鄂羅哩者，自乾隆中充近侍，年七十餘，嘗至朝廊，與廣興坐語，以長者自居，廣興艴然曰：「汝輩閹人，當敬謹侍立，安得與大臣論世誼乎？」鄂羅哩恨次骨，思有以中之。適內庫給宮中綢緞不如數且窳敗，鄂羅哩言由廣興克減，上即命傳諭，鄂羅哩出而漫言之，廣興不知為上旨，坐而與辯，鄂羅哩入奏其坐聽諭旨，上怒。一日，面詰廣興，廣興言總管太監孫進忠與庫官勾通，欲交外省織造，藉遂需索之計。上以其不能指實庫官何人，挾詐面欺，下廷臣議罪。尋寬之，罷職家居。於是與廣興不協者蜂起媒孽其短，被劾，議絞。上親廷訊，尚欲緩其獄。廣興未省上意，抗辯無引罪語，而贓私有實據，上益怒，遂置之法。

釋戍得雨

《洪亮吉傳》：嘉慶四年，上書軍機王大臣言事，書達成親王以上聞，上怒其語戇落職，下廷臣會鞫，面諭勿加刑。亮吉感泣，引罪，擬大闢。免死，遣戍伊犁。明年，京師旱，上禱雨，未應，命清獄囚，釋久戍未及期，詔曰：「罪亮吉後，言事者日少，豈非因亮吉獲罪，鉗口不復敢言？朕不聞過，下情復壅，為害甚巨。即傳諭釋亮吉回籍。」詔下而雨。《御製詩紀事》注謂：「本日親書諭旨後，子時甘霖大沛。天鑒捷於呼吸，益可感畏。」亮吉至戍，甫百日而赦還。

三人同心

《清史稿・勒保額勒登保德楞泰傳》論曰：「仁宗親政，以三省教匪久未定，卜於宮中，繇曰：『三人同心，乃奏膚功。』後事平敘勞，額勒登保第一，德楞泰次之，勒保又次之，豈偶然哉？」

視如猘犬

〈本紀〉：嘉慶八年閏二月，上自圓明園還，入順貞門，奸人陳德突出犯蹕，定親王等擒獲之。詔曰：「陳德之事，視如猘犬，不必窮鞫。所慚愳者，德化未昭，始有此警予事耳。」嗣按律擬陳德及其二子伏誅。

按，自和珅獲罪，外傳類此之事尚多。聞一日近侍進茶，仁宗未飲而出，有小太監撤下，飲之立死。仁宗亦置不問也。

風景何足言

《吳熊光傳》：嘉慶十年，仁宗東巡，熊光迎駕，與董誥、戴衢亨同對，上曰：「道路風景甚佳。」熊光越次言曰：「皇上此行，欲稽祖宗創業艱難之跡，為萬世子孫法，風景何足言耶？」上有頃又曰：「汝蘇州人，朕少扈蹕過之，其風景誠無匹。」熊光曰：「皇上所見，乃剪綵為花。蘇州惟虎丘稱名勝，實一墳堆之大者。城中河道逼仄、糞船擁擠，何足言風景？」上又曰：「如汝言，皇考何為六度至彼？」熊光叩頭曰：「皇上至孝，臣從前侍皇上謁太上皇帝，蒙諭：『朕臨御六十年，並無失德，惟六次南巡勞民傷財，作無益害有益。將來皇帝如南巡而汝不阻止，必無以對朕。』仁聖之所悔，言猶在耳。」仁宗為之動容。同列皆震悚，壯其敢言。後熊光告人，「墳堆」、「糞船」兩語，乃乾隆初故相訥親奏疏所言，重述之耳。

為先帝推恩

《紀昀事略》：嘉慶十年，公薨。初，修《高宗實錄》成，館臣請甄敘，或言其過優，仁宗以問公，公不置可否，但云：「臣服官數十年，無敢以苞苴進者，惟戚友請臣為其先人題主或銘墓，雖厚幣輒受之。」上赧然曰：「然則朕為先帝推恩，何不可之有？」

熙朝雅頌

《鐵保事略》：嘉慶中，手輯八旗詩，上溯崇德，至乾隆年止，得詩數百家，為《白山詩介》。表上之，蒙賜嘉名曰《熙朝雅頌集》，睿廟親為製序，洵足彰右文之盛治矣。

天賜麟兒

《百齡事略》：嘉慶十六年，仁宗萬壽之辰，召見樞臣，面奏公得子。公壯歲有子不育，屢荷垂詢，至是上喜甚，下詔曰：「百齡年逾六旬，望子甚切，連年任事，有裨封疆，故上蒙天佑，老年得子。朕甚為欣悅，可賜名扎拉芬。」公奏謝，手詔優答，有「天賜麟兒」語。雖家人父子之暄，不是過也。

遇變自責

〈本紀〉：嘉慶十八年九月，教匪犯闕。既定，詔曰：「朕紹承大統，不敢暇逸，不敢為虐民之事。自川、楚教匪平後，方期與吾民共用承平，乃大內突有非常之事，漢、唐、宋、明之所未有，朕實悪焉。然變起一朝，禍積有素，當今大患，惟在因循怠玩。雖經再三誥誡，舌敝筆禿，終不足以動諸臣之聽，朕惟返躬修省耳。諸臣願為忠良，即盡心力，匡朕之咎，正民之志，切勿依前尸位，益增朕失。通諭知之。」

朕與卿同歲

《楊遇春傳》：嘉慶十九年，滑縣教匪平，遇春封男爵。陛見，仁宗慰勞有加，命至御前，執其手曰：「朕與卿同歲，年力尚強，將來如有軍務，卿須為朕獨當一面。」手賜珍物。見遇春長髯，稱美者再。

英使不行跪拜禮

〈本紀〉：嘉慶二十一年，蘇楞額等以帶領英吉利貢使不諳事體，不克入覲，俱黜降。《孫玉庭事略》：英吉利入貢，其使不能行三跪九叩禮，仁宗不懌。公適入覲，以公嘗撫粵，悉夷情，召見垂問。公奏：「乾隆年，英使已不能效中國跪拜之禮，其大班曰司當東，於廣東撫署領帝賞，弓身俯伏，臣親見之，謂俯伏者即夷禮之免冠頓首也。今貢使即司當東，如妄有干求，自當折以天朝之法度；若歸心恪順，不必拘以中國之儀文。」反覆開陳，睿廟大悅，優旨褒之。

風霾

〈本紀〉：嘉慶二十三年四月，京師風霾，詔曰：「初八日酉初三刻，暴風自東南來，塵霾四塞，室中燃燭始能辨色，其象甚異，朕心震懼。欽天監疏言：『天地霾，君臣乖。大旱，又主米貴。』正與之同。惟朕恪遵成憲，日日召見臣工，前席周諮，似不致於乖離。但此其跡也，其實與朕同心望治，有幾人哉？不敢面諍，退有後言，貌合而情睽，是即乖也；其於同寮，不為君子之和而為小人之同，是亦乖也，我君臣其交儆焉。」

滿洲故里

《富俊傳》：嘉慶二十四年，富俊復調吉林將軍。雙城堡旗丁屯田，富俊巡歷三屯，疏陳：「比屋環居，安土樂業，有井田遺風。中屯並墾在先，麥苗暢發，男耕女饁，俱極勤勞。」仁宗大悅，報曰：「滿洲故里，佃田宅宅，洵善事也。」續議三屯應增事宜，詔嘉實心任事。

仁宗崩

嘉慶二十五年，仁宗崩於避暑山莊，壽六十有一。祖制，初不立嗣，先密書名，藏正大光明殿扁額上；並別藏小金匣，常以自隨。時事出倉卒，未奉遺命，從官多皇遽失措。軍機大臣托津、戴均元督內臣檢御篋十數事，最後，近侍得小金匣。鎖固無鑰，托津擰金鎖，發匣，見嘉慶四年四月初十日卯初立皇太子硃諭一紙，始合各大臣奏奉宣宗成禮。乃發喪，中外宴然。見包世臣、戴均元墓碑。

宣宗本紀

宣宗成皇帝諱旻寧，仁宗次子。即位，紀元道光。元年，張格爾作亂，命慶祥赴喀什噶爾剿之。三年，萬壽山玉瀾堂賜十五老臣宴，繪圖。七年，克喀什噶爾。八年，獲張格爾。以再定回疆，賞長齡、楊芳、楊遇春等功，賜功臣圖形紫光閣。九年，詣盛京謁陵。十一年，新疆始行屯田。十五年，諭：「科道馮贊勳等擢任京卿，所以廣開忠諫，務於民生國計、用人行政闕失，仍隨時直陳。」十八年，命林則徐查辦廣東海口事件。十九年，英船入廣東海港，擊走之。英人連犯沿海各口，陷城。二十二年，入江寧，命議款，定約通商。嗣是義大利、米利堅等國繼請通商，皆許之。二十九年，江蘇、浙江、安徽水災，陸建瀛奏辦賑及水退情形，諭：「臣民之福，即朕之福。」仍飭妥籌賑濟。三十年，上崩，葬慕陵。

論曰：宣宗恭儉寬仁，守成令主。遠人貿易，構釁興戎。當事大臣先之以操切，繼之以畏葸，遂貽宵旰之憂，而國步之瀕，亦肇於此矣。

宣宗誕生

〈本紀〉：宣宗母孝淑睿皇后，乾隆四十七年壬寅八月初十日寅時誕上於擷芳殿中所。十歲時，高宗行圍格威遜爾，上引弓獲鹿，高宗大喜，賜黃馬褂花翎。嘉慶十八年，教匪犯闕，賊入內右門，至養心殿南，欲北竄，上御槍斃二賊，餘潰散，亂始平。封上為智親王，號所御槍曰「威烈」，諭稱「忠孝兼備」。上謙沖不自滿假，謝恩奏言：「事在倉卒，又無禦賊之人，勢不由己，事後愈思愈恐。」其不矜不伐如此。

養正四箴

上宅心澹定，珍奇玩好之物略不關懷。定省餘閒，日與詩書相砥礪，祇承訓誨，身體力行，著《主敬》、《存誠》、《勤學》、《改過》四箴以自勵，名曰「養心四箴」。

松筠

《松筠傳》：松筠素以忠諒見重，凡燕遊贄御之事，乘間直言無避，屢起屢蹶。既屢忤旨，由尚書迭降為驍騎校。仁宗崩於熱河，梓宮回京，宣宗步行，於班寮中見之，扶而哭。翌日，擢左都御史。其復起也，甚負時望。然卒不安於位，未一月，出為熱河都統。

汪師傅

《汪廷珍事略》：公直上書房最久，為總師傅。宣宗在潛邸，公盡忱啟迪，非法不道；登極後，獻納尤勤。道光二年，上臨雍講學，手敕：「汪廷珍蒙皇考簡為總師傅，與朕朝夕講論，考古證今，言皆中道，使朕通經義、辨邪正，受益良多。眷懷舊學，特沛恩施。可加太子太保，用示崇儒重道之意。」

十五老臣

道光三年八月，上幸萬壽山玉瀾堂，錫宴十五老臣，踵千叟宴故事，賡歌繪圖。與宴諸臣以和碩儀親王為首，次賽沖阿、托津、曹振鏞、戴均元、孫玉庭、黃鉞、穆克登額、初彭齡、富俊、松筠、哈迪爾、阿那保、伯麟、穆克登布。宣宗嘗賦詩紀其事。

湯金釗

《湯金釗事略》：道光七年，奉使山西。宣宗在位久，熟於情偽，自京師以及十九布政司民風、吏治之醇雜莫不周知，凡細民含冤負釁呼號而赴闕者，上必立遣重臣馳傳周歷窮治，以申枉鋤強，而公以公廉強直屢蒙委任自此始。

長齡

《長齡傳》：道光八年，回疆平，捷問，上大悅，錫封長齡二等威勇公，賜寶石頂、四團龍補服、紫韁。檻送張格爾於京師，上御午門受俘，磔於市。長齡回京，命親王大臣迎勞，行抱見禮於勤政殿，正大光明殿賜凱宴，恩禮優渥，並用乾隆朝故事，時稱盛焉。

潘世恩

《潘世恩事略》：直樞廷歲三十年。回疆平，命與凱宴。八十生辰，賜額曰「三朝耆碩」。宣宗嘗手諭云：「潘世恩精勤襄贊，一德一心，夙夜在公，勤勞備至，朕實難以言喻。」公直樞密，造膝所陳，多不形諸章牘，雖子弟不獲聞。惟上知之深，倚之最切。

何文通

《何淩漢事略》：道光十年立春日，循例進春，上召問春牛顏色起於何時，公奏：「《月令》稱出土牛，並無顏色；宋時頒行《土牛經》，支幹各色略與今同，始於景祐間。」上嘉其博洽。嘗因病賜假，公子紹基以編修輪直，召對，上詳詢進藥狀，且曰：「聞汝甚能讀書，何以不知醫？」紹基惶恐伏謝，上笑曰：「藥力難恃。朕所賞參枝，真老山種，固不易得，乃荊芥、大黃亦有作偽者，故用藥不可不慎也。」及薨，予諡文通。國初有得此諡者後皆追奪，二百年來至公乃蒙恩特諡，異數也。

步禱得雨

〈本紀〉：道光十二年六月，久旱，上步詣社稷壇祈雨，又自齋宮步詣圜丘，行大雩禮，是日雨。

阮太傅

《阮元事略》：道光十三年陛見時，年七十矣，上賜壽。二十三年，公壽八十，復拜御書聯額及尚方珍幣之賜。二十六年，以重宴鹿鳴，加太傅，公疏謝，上手詔報曰：「願卿福壽日增，以待三赴鹿鳴之盛事也。」

考本朝大臣生前加太傅者，自金文通、洪文襄、范文肅、鄂文端、曹文正、長文襄外，得公而七公以後，惟潘文恭世恩而已。

禁鴉片

《林則徐事略》：道光十八年，議禁鴉片，公條上利害，深切著明，宣廟嘉焉，命以欽差大臣蒞廣東查辦海口事務，旋補兩廣總督。奏虎門收繳英吉利躉船鴉片及奏請剿撫兼施，手敕報曰：「既有此番舉動，若再示弱，則大不可。朕不慮卿孟浪，但誡卿等不可畏葸。先威後德，控制之良法也。」尋請停貿易，又諭曰：「該夷自外生成，是彼曲我直，中外咸知，尚何足惜！」公前後所陳皆稱旨，為忌者所中傷，卒不安其位，而天下自此多故矣。

議款

〈本紀〉：道光二十二年七月，耆英奏與英兵官瑪禮遜等議罷兵，諭曰：「朕以民命為重，令妥議。」嗣與議定和約，請鈐御寶，諭：「朕因億萬生靈所繫，允所請。」《穆彰阿傳》：初，禁煙議起，宣宗意銳甚，特命林則徐赴廣東查辦，責繳煙，盡焚之。兵釁既開，沿海騷然。英艦抵天津，投書總督琦善，言由則徐啟釁。穆彰阿窺帝意移，乃贊和議，罷則徐以謝，一徇敵意，不設備。兵釁復起，英兵且由海入江。穆彰阿當國，主和議，為海內所叢詬。上既厭兵，從其策，終道光朝恩眷不衰。

聲色貨利論

《實錄》：上躬行節儉為天下先，頒《聲色貨利論》垂戒方來。萬方作貢，裁汰過半。

宣宗崩

〈本紀〉：道光二十九年十二月，皇太后崩。上居倚廬，席地寢苫。諸王大臣請還宮，不允。皇太后梓宮移綺春園迎暉殿，上居慎德堂苫次。次年正月，上疾，崩於苫次，壽六十有九。距皇太后喪僅月餘耳。

文宗本紀

文宗顯皇帝諱奕詝，宣宗第四子。即位，紀元咸豐。下詔求賢。洪秀全起事金田。大學士穆彰阿褫職。元年，洪秀全入永安，建號太平天國，由岳州至武昌及安慶。三年，入江寧，據為天京，連擾山東、直隸、河南、江西、浙江、福建、四川、兩廣等省。捻起江淮。五年，雲南回民杜文秀踞大理。六年，胡林翼克武昌。七年，英人入廣東省城，劫總督葉名琛以去。八年，英、法兵船入大沽，俄人占黑龍江左岸各屯。十年，英、法兵陷天津，遂至通州。上幸木蘭，圓明園災，撫局成，設總理各國通商事務衙門。十一年，詔曰：「各處辦捐，取民者多，歸公者寡。近年軍餉浩繁，不得已而借資民力。似此徵求無藝，朘薄民生，尚復成何政體？各大臣督撫其嚴查削除，以副朕意。」上崩於熱河行宮，奉梓宮回京，葬定陵。

論曰：文宗奄忽一紀，內孽競作，外強要盟，遂無一日之安。而能任賢擢才，洞觀肆應，治軍慎持馭索，賦民首杜煩苛。向使假年御宇，安有後來之伏患哉！

文宗誕生

《實錄》：文宗母孝全成皇后，道光十一年辛卯六月初九日丑時誕上於御園之湛靜齋，後更為基福堂。上在潛邸時與恭親王奕訢朝夕講肄，陳經偶暇，練藝習勞。嘗製槍法二十八勢，曰「棣華協力」；刀法十八勢，曰「寶鍔宣威」，皆宣宗賜名。

帝者之言

《杜受田傳》：充上書房總師傅。文宗六歲入學，受田朝夕訓誨，必以正道。宣宗晚年以文宗長且賢，欲付大業，猶未決，會校獵南苑，諸皇子皆從，恭親王奕訢獲禽最多，文宗未發一矢，問之，對曰：「時方春，鳥獸孳育，不忍傷生以干天和。」宣宗大悅，曰：「此真帝者之言。」立儲遂密定，受田輔導之力也。文宗即位，國家大政及進退大臣必諮而後行。卒，特謚文正，謂其公忠正直，足當正字而無愧。上親奠撫棺，哭甚哀。

斥退穆彰阿

文宗即位，斥退穆彰阿，詔曰：「穆彰阿保位貪榮，妨賢病國，我皇考若早燭其奸，則必立置重典。夷務之興，如達洪阿、姚瑩之盡忠宣力，必欲陷之；耆英之無恥喪良，必欲全之。朕親政之初，遇事模棱，漸施伎倆。潘世恩等保林則徐，伊屢言病不堪用，及朕派林則徐往粵剿匪，又言未知能去否。偽言熒惑，貽害國家。第念三朝舊臣，著從寬革職，永不敘用。」詔下，天下稱快。

文慶請用漢臣

《文慶傳》：文慶謹醇持大體，文宗知之深，倚眷不衰。粵亂日熾，文慶言：「當重用漢臣。彼多從田間來，知民疾苦，熟諳情偽，豈若吾輩未出國門，懵然於大計者乎？」嘗密請破除滿漢畛域之見，不拘資格以用人。曾國藩初任軍事，屢戰失利，忌者沮抑之，文慶獨言國藩負時望，能殺賊，終當建非常之功。嘗與胡林翼同典試，服其才略，屢密薦，由貴州道員一歲之間擢至湖北巡撫。凡所奏請，上無不從，後卒得諸人力，以戡定大難焉。

求言納諫

文宗初年，大理寺卿倭仁應詔陳言，上嘉其直諫。副都御史文瑞疏陳四事，並錄進乾隆元年大學士孫嘉淦三習一弊疏、禮部侍郎曾國藩疏陳用人三事，均嘉納之。給事中蘇廷魁疏請推誠任賢、慎始圖終，並嘉納。內閣學士勝保疏言：「遊觀之所，煥然一新，小民竊議，有累主德。」上優容之。太僕寺少卿徐繼畬疏陳：「釋服之後，宜防三漸，一土木之漸、一宴安之漸、一壅蔽之漸。」得旨：「置諸座右，時時省覽。」

勉倭仁

《倭仁傳》：倭仁上言，既手詔褒勉，尋命充葉爾羌幫辦大臣。田雨公疏言用違其才，上曰：「邊疆要任，非投閒置散也。若以外任皆左遷，豈國家文武兼資、內外並重之意乎？」咸豐二年，倭仁復上敬陳治本一疏，上謂其意在責難陳善，尚無不合，惟僅泛語治道，因勉以留心邊務，勿托空言。四年，王茂蔭等請命會辦京師團練，上以軍務非所長，尋命直上書房。

韙吳廷楝

《吳廷楝傳》：咸豐初年，召對，廷楝詳陳治道之要、言利之害、君子小人之辨，上首肯。因詢廷楝讀何書，廷楝以程朱對，上曰：「學程朱者每多迂拘。」對曰：「此不善學之過。程朱以明德為體，新民為用，天下未有有體而無用者。」上韙之。

怒賽尚阿

《賽尚阿傳》：廣西匪亂方熾，文宗憂之，以賽尚阿親信近臣，命為欽差大臣赴湖南防堵，特賜遏必隆刀，給庫帑二百萬兩備軍餉。督師屢失利，縱匪出，犯長沙，亂益張。文宗怒，逮京治罪。

用曾國藩

《曾國藩事略》：初，上敬陳聖德疏，言過切直，上怒捽其摺於地。召見軍機，諸臣稱主聖臣直者再，於是上意解，且優詔褒答。尋內憂歸，命辦團練於長沙。克武昌，文宗大悅，手敕曰：「覽奏感慰實深，獲此大勝，殊非意料所及。朕惟兢業自持，叩天速救民劫也。」《祁寯藻傳》：湘軍初起，肅順力言其可用，上向之。寯藻意不謂然，屢稱病。曾國藩克湖北捷至，文宗喜形於色，謂軍機大臣曰：「不意曾國藩一書生，乃能建此奇績！」寯藻對曰：「國藩以在籍侍郎，猶匹夫耳。匹夫居閭里，一呼崛起，從之者萬餘人，恐非國家福也。」文宗默然變色者久之。

任肅順

《肅順傳》：文宗初以其敢任事，漸向用。時寇亂方熾，外患日深，文宗憂勤，要政多下廷議。肅順恃恩眷，日益驕橫。耆英罪擬絞候，肅順獨請正法，上雖斥其言過當，仍即賜自盡。柏葰擬大辟，上念舊臣，欲寬之，肅順力爭，遂垂淚命斬。駕幸熱河，事多出肅順贊畫，又力阻回鑾。文宗之信任，久而益專。臨崩，與載垣等同受顧命，贊襄政務。太后回京，議罪，斬於市。原論曰：文宗厭廷臣習於因循，乏匡濟之略，而肅順以敢任特見倚用。其贊畫軍事，所見實出在廷諸臣上，削平寇亂，於此肇基，功不可沒也。又論：道光以來，科場請託，習為故常。自柏葰大辟，司文衡者懍懍畏法，科場清肅，實文宗用重典之效也。《祺祥故事》：文宗信肅順專，遇事必曰「問六爺」。六爺者，肅順為鄭親王第六子也。

誠勝保

〈本紀〉：咸豐七年，督辦三省剿匪副都統勝保奏請皖兵悉歸節制，得旨：「勝保尚屬勇敢，若平其躁氣、斂其驕心，可為有用之才，何庸自行瀆請。」文宗頗賞勝保才，次年，即命為欽差大臣，督辦安徽軍務。

朔方備乘

咸豐十年，刑部主事何秋濤呈進所纂《北徼彙編》，上嘉與之，賜名《朔方備乘》，命入直懋勤殿。

秋狩木蘭

〈本紀〉：咸豐十年八月，洋兵至通州。上幸木蘭，自圓明園啟鑾，駐蹕避暑山莊。九月，恭親王奕訢奏洋人退至天津，籲請回鑾，詔：「天氣漸寒，暫緩。」十一年正月，示期回鑾。二月，詔曰：「前經降旨，訂日回鑾。旬日以來，體氣未復，緩俟秋間再降諭旨。」三月，恭親王請赴行在，只叩起居，上手詔答之曰：「別經半載，時思握手而談。惟近日咳嗽不止，時有紅痰，尚須靜攝，且俟秋間再為面話。」《實錄》：上每日披覽章奏，引對臣工，指示周詳。軍興以來，奏報尤繁，自朝至於日中昃，不遑暇食，孜孜求治，勞神焦思。聖體違和，多由於此。及狩熱河，乃日益增劇云。又日人所著

《清朝全史》：咸豐帝晚溺聲色。據薛福成所記，導帝於邪僻者實為怡親王載垣、鄭親王端華及端華之弟肅順，而肅順尤善迎合帝意，干涉大政。自帝駐蹕熱河，出入宮廷，誘以聲色，不允回鑾，皆見阻於此三人云。

圓明園災

〈本紀〉：咸豐十年，上狩木蘭，圓明園災。徐樹鈞〈圓明園詩〉序云：文宗初，粵寇踞金陵，東南數省蹂躪無完土。上既憫蒼生顛沛，復歎左右無人。九年冬，郊宿齋宮，夜分痛哭，侍臣淒惻。大考翰詹，以「宣室前席」發題，憂心焦思，久傷禍亂。後乃稍自抑解，寄於文酒，以宮中起居有節，尤喜園居。時園中傳有四春之寵，皆漢女，分居亭館，所謂杏花春、武陵春、牡丹春、海棠春者也。十年，英夷逼通州，上自園幸熱河，園被火，三晝夜不熄，管園大臣文豐投福海死，園遂荒虛，鞠為茂草，頹垣斷瓦，淩亂榛蕪。訪守園者，得董監，年七十餘，自道光初入侍園中，今秩五品，居福園門旁。導從瓦礫中循出入賢良門而北，指勤政、光明、壽山、太和四殿遺址。至前湖，圓明寢殿五楹。後為奉三無私殿、九州清宴殿，各七楹，壞壁猶立，拾級可登。東為天地一家春，后居也。西為安樂和，諸妃嬪、貴人居也。洞天深處，皇子居也。清輝殿為文宗重建，與五福堂、朗吟閣、鏤月開雲臺皆不可復識。鏤月開雲，即牡丹春也。東渡湖為蘇堤、長春仙館、藻園，又北為月地雲居、舍衛城、日天琳宇、水木明瑟、濂溪樂處，僅約略指視所在。東北至香雪廊。復渡橋，循福海西行，為平湖秋月。望瓊島瑤臺，島上殿宇猶存數楹。西北至雙鶴齋。又西過窺月橋，登綺吟堂，經采芝徑折而東，仍出雙鶴齋。園中殘毀幾遍，獨存此為劫灰之餘，亂草侵階，窗櫺宛在，尤動人禾黍悲爾。東過碧柳書院地，跨池，東為金鼇、西為玉蝀，坊楔尚存。又東去，皆敗壞難尋，遂不復往。昔園之盛時，純皇勒記，必殷殷踵事之戒。仁宗始罷臨幸，宣宗尤憂國難，聞慈安太后在文宗時有脫簪之諫，《關雎》、《車舝》，實中興之由云。

文宗崩於熱河

《實錄》：咸豐十一年七月癸卯，文宗賓天。時文宗巡幸熱河，駐蹕避暑山莊，上侍母后、皇后、聖母從焉。文宗聖躬不豫，上侍疾煙波致爽殿。壬寅，文宗疾大漸，召御前大臣載垣、端華、景壽、肅順，軍機大臣穆蔭、匡源、杜翰、焦祐瀛承寫硃諭，立皇長子為皇太子。軍機處密札：「十六日午後，暈厥，囑內中緩散。至晚甦醒，始定大計。子初三刻見時，傳諭清楚，各位請丹毫，諭以不能執筆，著寫來述旨，故書『承寫』字樣。八位共矢報效，極為和衷，大異以前局面。母后頗有主見，垂簾、輔政，蓋兼有之。自顧命後，至今十餘日，所行均愜人意。以上密札數通皆軍機處自行在所寄，今存。見《后妃傳》注。

穆宗本紀

穆宗毅皇帝諱載淳，文宗長子。即位，以擅改諭旨、力阻垂簾治載垣、端華、肅順等罪。改元同治。奉慈安皇太后、慈禧皇太后垂簾聽政，命恭親王奕訢為議政王。曾國荃復安慶。元年，命僧格林沁統豫、魯軍務，督剿捻匪。設同文館。二年，李鴻章復甦州。三年，左宗棠復杭州，曾國荃復江寧。以江南平，賞曾國藩等功。諭：「江南新復，民生凋敝，有司招徠撫恤之。」新疆回亂。四年，設機器局於上海。五年，回匪陷伊犁，設造船廠於福州。六年，派美使蒲安臣往有約各國辦理交涉。東捻平。七年，西捻平。九年，命曾國藩查辦天津教案。十年，俄據伊犁。十一年，全黔底定。十二年，帝親政。克大理，賞岑毓英等功。克肅州，關內肅清。定各國使臣覲見禮節。十三年，法、越和議定。日本攻臺灣番社，議款，諭籌海防。上崩，葬惠陵。

論曰：穆宗沖齡踐阼，母后垂簾，國運中興。十年之間，大亂平定，中外乂安。非夫宮府一體，將相協和，何以臻茲焉？

穆宗誕生

《實錄》：穆宗母孝欽顯皇后，咸豐六年丙辰三月二十三日未時誕上於儲秀宮。文宗三旬萬壽，上甫五齡，稱觥祝壽，儀度備嫻。特命出見廷臣，凡瞻仰天表者，莫不稽首歡呼焉。

穆宗即位

〈本紀〉：文宗疾大漸，召王大臣承寫硃諭，立皇長子為皇太子，命載垣等贊襄政務。文宗崩，奉上繼位，定年號祺祥。上奉大行皇帝梓宮回京，兩宮皇太后宣示載垣等罪狀。上御太和殿，行即位禮，改祺祥為同治。《庸盦筆記》：兩太后還京，召見王大臣，數載垣、端華、肅順等三人之不法，泣數行下。幼帝顧太后曰：「阿奶，奴輩敢如此負恩，可斬其頭。」遂定肅順等之罪。詳見《慈禧外傳》。

穆宗典學

〈本紀〉：同治元年二月，皇帝典學，命祁寯藻、翁心存、倭仁、李鴻藻均在弘德殿授讀。首讀《大學》，並以倭仁所進《古帝王事蹟》及《古今臣工奏議》陳弘德殿講肄。《李鴻藻傳》：一日，穆宗學書，故作戲筆，鴻藻立前捧上手曰：「皇上心不靜，請少息。」穆宗改容謝之。四年，命翁同龢在弘德殿行走，進講《治平寶鑒》。《翁同龢日記》：故事，授讀諸臣皆得旁坐，滿諳達則立而口授，龢遂入坐。上每日功課才五六刻，讀書勤，無嬉戲，無惰容，仰見我皇天資粹美矣。讀聲清朗，字亦端楷中正。又，七年，擬對曰：「天臨南極近。」上應聲曰：「星共北辰明。」又，初見上詩稿，如〈寒梅〉詩：「百花皆未放，一樹獨先開。」皆佳句。又，八年，上開筆作論，題曰〈任賢圖治〉，上從容揮灑，論曰：「治天下之道，莫大於用人。然人不同，有君子焉，有小人焉，必辨別其賢否，而後能擇賢而用之，則天下可治矣。」寫畢不過四刻，諸臣竊喜忭，是真初見雲章第一篇矣。又，詩題為「松風」，上得句云：「南薰能解慍，長在舜琴中。」余等歎美得未曾有也。又，上初習射，設射侯於庭中，上西向立，三發中其二，群臣皆欣忭。又，近來上性多急躁，故諸臣議以靜鎮之，其實讀書無可議也。

按，同龢為師傅，上親政後，入讀如常。至上崩，始退。

穆宗起居瑣記

《翁同龢日記》：同治五年正月，聞上除夕誤食金錢一枚，三日始下。宮內年例，煮餑餑中置金如意等，以取吉利。北方風俗皆然，然亦殊鄙俗。《周禮》於飲食服用纖屑畢詳，大哉聖人之規劃也。又，七年二月，聞兩宮及上幸御花園，挑選八旗秀女。自去年行文各省，旗官有女應挑者，限期到京。後年將舉行大婚矣。又，九年八月，上論天津教案，因曰：「若得僧格林沁三數人，把截海口，不難盡滅此輩。愈將就，愈出岔。」詞氣甚壯。又，上至大高殿禱雨，雨立至，上行禮如常。左右進蓋，卻之，冠服盡濕。又，皇太后病，上侍醫藥，玉容為減。又，上偶疾，常戒近侍毋得報兩宮，恐勞廑念。聖孝如此。

穆宗大婚

《實錄》：同治十一年九月甲午，以大婚冊立皇后。前期，遣官祭告天地宗廟。乙未寅刻，上御太和殿，閱視冊寶，遣惇親王奕誴為正使、貝勒奕劻為副使，持節、奉冊寶，詣皇后邸，冊封阿魯特氏為皇后；遣大學士文祥為正使、禮部尚書靈桂為副使，持節並冊印，封富察氏為慧妃。申刻，慈安皇太后、慈禧皇太后御慈寧宮，上詣行禮。禮畢，御太和殿受賀。遣惇親王奕誴為正使、貝子載容為副使，持節詣皇后邸，行逢迎禮。丙申子刻，皇后由邸升鳳輿，鑾儀衛陳儀仗、車輅，鼓樂前導，由大清中門行御道至乾清宮，降輿。上具禮服，候於坤寧宮。丑刻，行合巹禮。丁酉，上率皇后詣壽皇殿行禮，詣皇太后前行禮。上御乾清宮，皇后率慧妃以下行禮。戊戌，皇后朝皇太后於慈寧宮，盥饋醴饗如儀。己亥，皇太后御慈寧宮，上率諸王大臣行慶賀禮。上御太和殿，群臣慶賀。頒詔天下，覃恩有差。

穆宗親政

〈本紀〉：同治十二年正月，上親政。詔遵慈訓，敬天法祖，勤政愛民。下詔修省，求直言。諭直省舉賢才，杜侵　。《翁同龢日記》：甲戌六月，回京，入對於乾清宮西暖閣，上問：「汝身體好？」又問沿途年成、江南民情、取道運河否？按此，可知穆宗親政後每日在乾清宮視事。又，七月，至昭仁殿書齋。殿制略同弘德，侍臣直廬則在門外東廊。按此，似書房已移昭仁殿。又，是日引見稍早，而召見樞廷甚遲，蓋拔貢單今日始下也。按此，可知穆宗對於拔貢單等皆細閱，故召對因此較遲也。又，上至書房，講《論語》。是日作詩，甚妥。按此，可知穆宗親政後，書房照舊。又，余以《讀史論略》進講，並以召對臣工、天語太簡為言，其他語甚多，上皆納。又，八月，出試御史題，上與徐桐商定。天語昭然，於是非、賢奸辨之甚晰。又，九月，祥侄蒙召見於乾清宮，招近御榻，得聆玉音。又，十月，五兄入內講訓，蒙召見，垂問一切，並諭實心實力去做。

按，觀此各節，穆宗親政辦事情形可略見矣。

各國公使入覲

〈本紀〉：同治十二年六月，日、英、俄、美、法公使入覲於紫光閣，是為外使入覲之始。日使副島種臣《適清記略》：是日六時，至天安門天元閣暫息，復集於福華門外明代所建之天主堂，進茶果於眾使曰：「皇上賜花果。」七時，入候於紫光閣之行幄。帝八時出宮，九時御紫光閣。大臣引余等由左階升。進門，斜見御座，即除帽，作第一揖；復進，正中，向御座作第二揖；又進立於御前黃案之下，作第三揖，是謂謁見三揖禮。皇帝高坐寶座，恭親王及御前大臣侍立座之左右，軍機大臣及文武顯官分立黃案兩旁。余置國書於黃案上，一揖，陳述來意。恭親王跪奉國書於帝，即降至黃案前，宣旨曰：「貴國大皇帝的國書朕收到了。」余揖。恭親王復班。帝又有敕語，恭親王跪承之，復降至黃案前，宣旨曰：「貴國大皇帝安康。兩國交際事宜可由總理各國事務衙門公平商議。」余揖。退，復三揖如前。帝乃賜宴於總署。是日午，余赴宴。各公使以暑辭，實則惡清廷之不宴於宮內也。

修圓明園

〈本紀〉：同治十二年，修圓明園，御史沈淮疏請緩修，諭令內務府僅治安佑宮為駐蹕殿宇，餘免興修。次年，停修園工。《翁同龢日記》：甲戌七月，聞園工事未能遽止，為承歡太后，故不敢自擅，允轉請懿旨也。又，召對，因園工事責諸臣何以不早言，與恭、醇兩王往復辯難，且有「離間母子」、「把持政事」之語。兩王叩頭申辯不已。上曰：「待十年或二十年，四海平定、庫項充裕時，園工可許再舉乎？」則皆曰：「如天之福，彼時必當興修。」遂定停園工修三海而退。申初，硃諭數恭王之失，革去親王世襲。

責恭王

〈本紀〉：同治十二年七月，諭責恭親王召對失儀，奪親王世襲，降郡王，仍為軍機大臣，並革其子載澂貝勒郡王銜。旋奉懿旨，復恭親王世襲及載澂爵銜，訓勉之。《翁同龢日記》：硃諭一道封下交軍機文祥等四人。微聞恭王革爵，有「跋扈離間」、「欺朕之幼」、「奸弊百出」、「目無君上」等語。文祥等請見，不許。遞奏片請改，不許。次日，兩宮皇太后御弘德殿宣諭諸臣，念恭王有任事之勤，一切賞還。上侍立，亦時時跪而啟奏，旋有明發云云。

按，恭王以爭園工忤旨，《翁記》甚明。《清史綱要》謂，時帝與載澂戲，因微故失歡，故有是命。實誤。相傳載澂日侍左右，導帝嬉戲，為恭王所責，並嚴束不令入直。帝大不懌，傳飭恭王，仍命載澂入侍。與此事不相涉也。

王慶祺

〈本紀〉：同治十三年正月，命編修張英麟、檢討王慶祺弘德殿行走。十二月，侍講王慶祺有罪褫職。《張英麟傳》：英麟入直五日，即乞假退。後王慶祺終獲咎。《翁同龢日記》：甲戌九月，上至。講書畢，余等先退。已而中官傳旨，獨召王某入，寫詩一首而退。又，上至，臣與王慶祺偕入，而令臣下取詩本。既而命臣作「菊影」七律一首，與王君同賦。寫進，遂散。又，十月，有旨掌院保南齋翰林，口敕與王慶祺商酌。次日，特召王公見於乾清宮。

按《翁記》於王慶祺頗有微詞。世傳導帝遊宴，皆由慶祺。想以陳彝奏劾有「上年為河南考官，出闈後，微服冶遊」等語，遂附會及帝。然慶祺輔導無狀，自不能辭其責也。

幸南苑

〈本紀〉：同治十三年八月，上幸南苑。《翁同龢日記》：甲戌八月，上詣南苑，后妃皆從。蹕路出大清門，后妃則出神武門、東安門，由御河橋而南。

鐵龍駒

《實錄》：同治十三年九月，諭：「榮全所進黑花馬一匹，朕乘騎甚穩，著賞『鐵龍駒』名號。」

代閱章奏

〈本紀〉：同治十三年十月，上不豫，命李鴻藻代閱章奏、恭親王代繕批答清文摺件。《清史綱要》：時帝好微行遊宴，遂以致疾。

按，微行之說，實無可證。清代家法至嚴，微行出遊，勢所不許。即在宮廷偶有嬉戲，亦多禁阻。

而傳說紛紛，亦可畏也。

天花之喜

同治十三年十一月，穆宗不豫。《翁同龢日記》：初九日，聞聖體發疹。辰至東華門，內傳蟒袍補褂，上有天花之喜，易花衣，以紅絹懸於當胸，入請安，道天喜。有頃，傳與軍機御前同見。至養心殿東暖閣，兩宮皇太后俱在御榻上，持燭，令諸臣上前瞻仰。伏見天顏溫晬，偃臥向外，花極稠密，目光微露。略奏數語，皆退。次日，又叫起。上起坐，頭面皆灌漿飽滿，聲音有力。上首諭恭親王，天下事不可一日稍懈，擬求太后代閱摺件，並諭當敬事如一。語簡而厲。二十九日，復入見。上擁坐榻上，天顏甚粹，目光炯然，痂猶有一半未落。上謂胸中覺熱。退至明閣，太后諭以流汁過多，精神委頓，問諸臣可有良法？聖慮焦勞，涕泗交下，退復傳勿散。有頃，傳諸臣皆入。上側臥，御醫揭膏藥、擠膿，色白而氣腥，漫腫一片，視之可駭。初二日，召入。上平臥，兩頰腫甚，唇鼓，色紅。一二語，逡巡而退。初五日，聞方案內有「神氣漸衰，勢恐內陷」等語。日落，忽傳急召。馳入，御醫李德立方奏事急，太后哭不能詞。諸臣奔東暖閣。上扶坐瞑目，臣上前望視，已彌留矣。哭踴而退。

按，穆宗病狀，同龢親睹詳記，足以闢世傳之妄矣。

穆宗崩

〈本紀〉：同治十三年十二月，上崩於養心殿，年十九。皇太后召王大臣等人奉懿旨，以醇親王之子承繼文宗為嗣皇帝。

德宗本紀

德宗景皇帝諱載湉，文宗嗣子、穆宗從弟也。本生父醇賢親王，為宣宗第七子。穆宗崩，迎上於潛邸。入，即位，紀元光緒，奉皇太后聽政。二年，復烏魯木齊。四年，新疆平，賞左宗棠、劉錦棠等功。五年，日本滅琉球。七年，曾紀澤與俄改訂新約，歸還伊犁。九年，法脅越南立新約，詔彭玉麟督防，敗法兵於諒山。十一年，與法議和，設海軍衙門。英滅緬甸。十三年，上親政。十四年，太和門災。十五年，太后始歸政。籌辦蘆漢鐵路。十六年，議藏印條約，以哲孟雄歸英。十七年，頤和園成，太后始臨幸。俄侵帕米爾。十八年，英人入坎巨提。二十年，日侵朝鮮。下詔宣戰，海陸軍皆敗，連陷奉、魯各城，並陷澎湖。二十一年，命李鴻章赴日議和，定朝鮮獨立自主約，割臺灣。初設新建陸軍。二十三年，德兵輪入膠澳。二十四年，德租膠州灣、俄租旅順大連、英租九龍威海衛、法租廣州灣。詔定國是，議變法，太后復訓政。二十五年，以溥儁為大阿哥。二十六年，義和拳亂。德、奧、美、法、英、義、日、俄八國聯軍入京師，兩宮西狩。命李鴻章議和，定大綱十二條。俄占東三省。二十七年，上奉太后回鑾。二十八年，與俄定交，收三省約。二十九年，以日、俄構兵，宣諭中立。三十一年，詔廢科舉。中日新約成，滿洲撤兵。三十二年，宣諭預備立憲，更定官制。三十三年，命各省立諮議局，舉議員。三十四年，上崩，葬崇陵。

論曰：德宗親政，奮發自強。維新變法，垂簾再出。外侮之來，釁自內作。屢經厄逆，怫鬱摧傷，奄致殂落，而國運亦自此微矣。

德宗誕生

〈本紀〉：德宗，醇親王奕譞長子。母葉赫那拉氏，孝欽顯皇后女弟也，同治十年六月二十八日誕上於太平湖邸第。

按，德宗實生於六月二十六日，以是日為國忌，故移後三日行慶祝禮。

德宗嗣位

《東華錄》：穆宗崩，上入嗣大統，甫四齡，即日由邸第移禁中，趨詣御榻前，稽顙號慟，擗踴無算。扈從諸臣遵奉懿旨，奉上即正尊位。《翁同龢日記》：戈什愛班奏迎嗣皇帝禮節，大略蟒袍補褂，入大清門，從正道入乾清門，至養心殿，謁見兩宮皇太后，方於後殿成服。亥正，遣御前大臣及孚郡王等以暖輿注迎。寅正，聞呼門，則籠燭數枝，入自門矣。近人筆記：太后既指定德宗嗣位，命榮祿等注迎入宮。雖事出倉卒，而預製御用冠服皆備，蓋太后早謀定於中也。

德宗典學

〈本紀〉：光緒二年，德宗典學，命翁同龢、夏同善等授讀，御毓慶宮讀書。《翁同龢日記》：二年二月二十一日，上於養心殿東暖閣見侍學諸臣。上南向坐，設矮案鋪紙，索筆作書，臣龢以墨染筆，即寫「天下太平」四字，又書「正大光明」四字，楷端正。臣等以朱書仿格進，上運腕稍澀。臣龢引袖書四字訖，伯王等以清字條子「阿」字授，上略觀，即應聲曰「阿」。臣等以「帝德」二字進，上亦應口誦數四。又以《帝鑒圖說》進，上甚會意，引手指帝堯、大舜，若甚喜者，並命臣書「帝德」二字，恭親王又接書「如天」二字，玩視良久，凡三刻許乃退。次日，上依南窗炕上坐，余等立侍，昨所認皆能憶。上記憶故事，頗喜筆墨也。四月二十一日，上始行入學禮。卯正，至毓慶宮，上御後殿明間寶座，余等三跪九叩畢，上降，臨軒向諸臣揖，余等皆跪答。從入西間，伯王等先拉弓，後授蒙古語及滿洲字頭。余點書上字型大小，讀甚順。又一日，上指書內「財」字曰：「吾不愛此。」又曰：「吾喜『儉』字。」此真天下之福也。又，講人心、道心之分，上曰：「吾做事皆依道心也。」是年方五歲。又，三年，余偶講《逸詩》，上即翻「述而不作」注內孔子刪《詩》、《書》一句為證。此注從未講過，不知上何以領會至此。又，太后諭云：「實在好學，行立坐臥皆誦書及詩。」又，請以「青天」屬對，對曰「紅日」。又，上讀《詩經》，自書曰「岐豐之化大矣哉」，用《易經》句法，可喜。又，七年，上要《開國方略》，即檢入，命講。至午，下座。再來，則無意讀書，百方激厲，直至申正，終不開口。近日近侍有語言違拂處，上屢述之，不平之意居多，臣等云將啟奏，亦毫不介意。此關係聖德者大矣。今年彗，占曰：「天子廢圖史。」能無懼哉？又，上點《讀史論略》，批云：「唐之所以亡者，宦官而已。懿宗以後，更無法度，故亡。」是年十一歲。又，九年，上〈初雪〉詩四句，極順。又作史論，亦通暢。又，十年，懿旨：「功課甚好，但須照弘德殿舊試，立功課簿，以便稽查。」上意悚然，頗自振也。又，作詩，題為「漢章帝」，上援筆立書曰：「白虎親臨幸，諸儒議《五經》。惜哉容竇憲，諍諫未能聽。」每日臣侍側，不免檢韻或講典故，今口離案觀書，未發一語，真雲章第一篇也，喜而敬識。又，上先習馬架，初試馬於東長街，從容攬轡，極可喜也。又，十五年，上大婚後，至書齋，功課較平時為多，天顏溫霽，和氣盎然。又，上看馮桂芬《抗議》，挑六篇，裝訂一冊，題簽交閱，足見留意講求，可喜。又，十七年，上命奕劻帶同文館教習講洋文，於西文極用意也。又，二十年十一月，慈諭命撤滿漢書房，上謂：「正典學，奈何輟講？」次日，改傳滿功課及洋字均撤，漢書不輟。二十二年正月，懿旨傳撤書房。

按，同龢直書房最久，為上所倚恃，至是太后命撤書房，蓋有深意存焉。

德宗起居瑣記

《翁同龢日記》：光緒三年，上祈雪。雪降，上於雪中不張蓋，不准人掃雪，曰：「是輩不知余心，如長沮、桀溺不知聖人指意所在耳。」時七歲。又記，耀雲舫由進士而九列，上在藩邸時，病痢幾危，賴其針灸得安。又，四年，旱。上祈雨，盼甚切，至書房曰：「宮中茹素五日矣，汝等亦應茹素。」遂傳素食。又，五年，萬壽，上在寧壽宮，未嘗入座聽戲，仍到書房，云：「鐘鼓雅音，此等皆鄭聲，不願聽也。」聖聰如此，豈獨侍臣之喜哉！又，八年，上意畏雷，方讀，聞雷遂甚不怡，百方開譬，以人聲雜混，始讀畢。又，十年，太后萬壽，長春宮演劇，上只在後殿，抽間弄筆墨。太后出御臺前黃座，上未出。又，十一年，以眼鏡一枚進，上索之切。自昨至今，無詞可復也。又，上昨夜未睡，云守庚申，並學洋人以手持飯，係得之張師傅云云。問子騰，則前一節渺不知，後一節微有影響，初未嘗謂當爾也，力白止之。按，張師傅名家驤，字子騰，與同龢同直毓慶宮。又，養心殿修溝，上以毓慶宮東室為寢室，有扁曰「妍秘書屋」，修畢，移回。又，十二年，燕九，上倚太后，御紫光閣，賜宴外藩。此次添傳小過堂、跳駝等戲。小過堂者，健火兩營小兒，五人一排打槍者也。上最厭打槍，數日切切於此。傳聞尚有煙火，舊例在山高水長，道光十七年撤。又，上奉太后謁陵，太后賜上黃馬褂，即於途次御之。又，上垂問召見臣工當用何語，遂略擬以呈。批摺尚用意。按，是時摺件呈上試批，皆同龢侍擬，故得預聞朝政也。又，上初祀南郊，御前大臣咸稱舉止嚴重，肅穆雍容，不勝欣幸。又，十五年，祈年殿災，上聳然良久，云：「變不虛生。」又，十六年六月，久雨，上以秋禾為念，憂形於色。又，十七年五月，是日有引見，雨大，雷轟然，內殿喧嘩，蓋緊聲以亂雷車也。此新樣。雨過，上始出回宮。又，二十年三月，諭偕孫家鼐同至昭仁殿，檢點天祿琳琅藏書。上留意古籍，常以宋元書畫賜觀。又，五月，上意欲移蹕南府，臣謂：「南府何地，豈宜為帝王之居？」力爭數四。後以立山等估費約六百萬，始停止。聖德如天，感誦不已。又，二十二年八月，太后召見於玉瀾堂，堂即上寢殿也。命十八、十九聽戲，並諭皇帝暫在園辦事，省跋涉。又，九月，召對時，論練洋法兵三十萬，上詞氣奮發，似言京外不能通力合作，致此因循。此真天下之幸也。又，二十四年正月，上索《日本國志》，又命索康有為所進書。又，上諭今宜多講西學，飭擬旨。又，四月，硃諭：「翁同龢開缺回籍。」次日，赴宮門叩辭。駕出，急在道右碰頭。上回顧無言，臣亦黯然如夢。

按，同龢獲咎，亦出太后命，與撤書房用意同也。

同坐視事

《翁同龢日記》：光緒九年元旦，召見於養心殿西暖閣。皇太后與上同坐御榻，太后在右、上在左，儼如宋宣仁故事，蓋前此所未有也。諸臣入，先叩賀皇太后天喜，用漢語；次叩賀皇上天喜，用清語，皆一跪三叩首。中官傳奉太后暨上賜八寶荷包各一，敬受，即懸於胸，一叩謝，然後上墊跪。諭以天氣清和，吉祥善事，皇帝好學，日近《詩》、《書》，自明日起，當同在坐，以後早事皆擬親裁。諸臣亦頌揚數語，即退。又，八日，入見，上亦在坐。寶相遞摺，上接閱，頗用心，自首至尾，不少忽也。每一摺畢，太后降旨，樞臣承旨後，仍於上前復述之。應放缺單，太后以硃筆授上圈之。是日凡五摺，兩單四明發，為時較久，凡三刻五分而退。

德宗親政

〈本紀〉：光緒十三年正月，帝親政。《翁同龢日記》：光緒十三年正月十五日，皇上親政。召見辦事，仰瞻天顏甚精采也。時太后仍訓政。又，太后諭勤習批摺。又，上云：「現在看外省摺，皆手加簽，令軍機酌定再批。」每日書房後，回宮看摺。又，十五年二月初三日，上親政，御太和殿受賀。宣詔遇重要事，仍請太后訓示。又，上月太后、皇上召見，對以親政後，第一不可改章程，上曰：「斷不改。」又，十月，上諭：「各省藩臬專摺奏事，蓋出自聖裁。近日讀列朝《聖訓》，有所得也。」又，二十八年閏六月，山西巡撫阿克達春到京。召見，以其奏對不能明晰，開缺另簡。大哉綸音也。又，二十年四月，新放四川鹽道玉銘曾充庫兵、開木廠，又與中官連結，中官令赴粵海索錢，遂捐道員。中官毆之，乃忽有此除，物論譁然。今日奉旨召見，詢問政事，未能諳悉，開缺以同知候選。又，十月，同龢復直軍機。上英爽非復常度，剖決精明，事理切當。每遞一摺，上必問臣可否，蓋眷倚極重，恨才短無以仰贊也。又，二十一年四月，發下殿試前十卷，展封，則第三改第一、第十改第二，上所特拔也。諭：「今年試策，有不拘舊式者，寫作均好，故拔之。」又，二十三年十二月，上頗詰問時事所宜先，並以變法為急，退令擬裁綠營、撤局員、薦人才之旨。又，二十四年二月，上切責諸臣一事不辦，召對俄頃、直廬數時而已。

德宗大婚

〈本紀〉：光緒十五年正月，大婚禮成。《翁同龢日記》：光緒十三年五月，懿旨：「大婚典禮，著戶部先籌銀二百萬兩，並外省預指二百萬兩，備傳辦物料之用。」又，「著長春宮總管太監李連英總司傳辦一切。」前後提撥五百五十萬兩。又，十四年七月，懿旨：「定明年正月二十七日行大婚禮，今年十一月初二納采，十二月初四大徵。」又，十月，懿旨宣示立后。主副都統桂祥之女為皇后，封原任侍郎長敘之十五歲女他他拉氏為瑾嬪、十三歲女為珍嬪。又鳳秀之女、德馨之女、志顏之女均賞大緞四匹、衣面一件，撩牌。又，十五年正月二十四日，皇后妝奩由東華門、協和門入後左門，進乾清中門。黃亭一百座，無鼓樂。明日同，共二百抬。瑾、珍二嬪妝奩由後門入。又，二十七日子刻，皇后乘鳳輿，派逢迎十大臣及步軍統領等乘馬隨行。寅刻，進大清門，入宮。又，大婚後，坤寧宮二日，即移養心殿。殿之西曰體順堂，皇后所居也。遇齋戒期，後居鍾粹宮。皆中人所云。

視疾醇邸

〈本紀〉：光緒十六年十一月，上奉皇太后臨醇親王邸視疾。薨，復臨視殮，賜奠。《翁同龢日記》：光緒十三年十月，醇邸病，上垂涙諭云：「醇親王病重。」語甚急切。並云：「宮內常派人問病，但歸時到太后處覆命。」慶王欲與御前同奏請上詣邸看視，然究嫌疑之間也。詹事福懋疏奏懿親有疾，宜臨省視。旋奉懿旨，與上同詣醇王俯視疾，邸以厚褥鋪地，欲起跪而未能，欠伸而已。此上所述也。又，十六年，醇邸病，皇太后、皇上屢詣問。醇邸薨，臣等入見於勤政西室，上噭然長號。少頃，問用何服色，請懿旨。至邸，上純素慟哭入，行禮如儀。又，二十二年五月，醇親王福晉薨，上戚容無語，與十六年情形大異矣。退而感歎。又：上詣府奠祭，天容憔悴。

宴見外使

〈本紀〉：光緒十七年，初，與國來使皆見於紫光閣，謂視如藩屬，屢以易地為言，是年正月，始於承光殿覲見。《翁同龢日記》：光緒十七年正月，上御紫光閣見各國使臣。使臣入殿，凡七鞠躬，上以兩首肯答之。此次覲見之先，德使屢起駁難，不欲在紫光閣，並各帶翻譯，撤去面前黃案等。惟紫光閣一節不允，餘皆允。閏進見時，天語清朗，夷使讋栗成禮。又，二十四年正月，上御文華殿見各國使臣。初，各國使臣擬乘輿馬入禁，上謂可曲從。又，巴使入見，命上踏垛，陳國書於御案上，上宣諭用漢語。此皆從前所未有也。又，德親王亨利見皇上於玉瀾堂，上坐，命亨利坐於右偏。設食南配殿，上至慰勞，德兵舉槍擊鼓、兵官拔刀以為致敬，上立視，諭云：「兵皆精壯，甚可觀。」數日，再見勤政殿，亨利摘帽鞠躬，上起立，與之握手，賜坐，並命送寶星。又，德使覲見文華殿，上納陛遞國書，上親宣答詞，不令慶親王傳宣，上亦佩寶星，蓋異數也。

面賜福字

《翁同龢日記》：光緒十八年臘月朔，上至頤年殿，面賜「福」字。皇太后南向坐，上南面立，前設案，筆墨具。群臣以次歷階升，候於殿外。受賜者入跪，候上揮翰，至末數筆，即連叩頭訖，「福」字從身上搭過，謂之「滿身都是福」也。「壽」字亦上親書，前數日寫就，旁一人捧而出，受賜者隨之，交懿勤殿太監歸匣，搭至大院晾乾再送。

甲午議戰

〈本紀〉：光緒二十年，命翁同龢、李鴻藻與軍機總署集議朝鮮事，詔宣戰。《翁同龢日記》：光緒二十年六月，議朝鮮事。上意一力主戰，並傳懿旨亦主戰。又，北洋謂俄有十船可借調，上盛怒，令復電不得倚仗俄人。又，二十一年正月，上問諸臣，時事如此，和戰皆無可恃。言及宗社，聲淚併發。又，三月，論割臺灣，上曰：「臺割則天下人心皆去，朕何以為天下主？」孫毓汶以前敵屢敗對，上責以賞罰不嚴，故至於此。諸臣唯唯引咎而已。伏睹皇上乾剛一振，氣象聿新，竊喜，又私自憾也。又，四月，上以和約事徘徊不能定，天顏憔悴，所論大抵皆極為難，臣恨不能碎首以報。又，東朝猶持前說而指有所歸，上意幡然有批准之諭。書齋入侍，君臣相顧揮涕。此何景象耶！

參預新政

〈本紀〉：光緒二十四年四月，召見工部主事康有為，命充總理各國事務衙門章京。七月，內閣侍讀楊銳、中書林旭、刑部主事劉光第、知府譚嗣同並賞加四品卿銜，充軍機章京，命參預新政。《楊銳傳》：拜命之日，皇上親以黃匣緘一硃諭授四人，命竭力贊襄新政，無得瞻顧。凡有奏摺，皆經四卿閱視；凡有上諭，皆經四卿屬草。於是軍機大臣嫉妒，勢不兩立。及宮中變態已作，上召見，賜以衣帶，詔乃言位將不保，命速同設法救護者也。

手詔楊銳

《楊叔嶠事略》：德宗召見，賜手詔云：「近日朕仰觀聖母意旨，不欲退此老耄昏庸之大臣而進用英勇通達之人，亦不欲將法盡變。雖朕隨時幾諫，而慈意甚堅，即如七月二十六日之事，聖母已謂太過。朕豈不知中國積弱不振，非退此老耄昏庸之大臣而力行新政不可？然此時不惟朕權力所不能及，若必強以行之，朕位且不能保。爾與劉光第、譚嗣同、林旭等詳細籌議必如何而後能進此英勇通達之人，使新政及時舉行，又不致少拂聖意，即具封奏以聞，候朕審擇施行。不勝焦慮之至。欽此。」

按，此硃諭，宣統元年其子楊慶昶呈繳於都察院代奏，留中。

開懋勤殿

《譚嗣同傳》：七月二十七日，皇上欲開懋勤殿、設顧問官，命擬旨。先遣內侍持歷朝《聖訓》傳上言，謂康熙、乾隆、咸豐三朝有開懋勤殿故事，令查出引入上諭中，蓋將親往頤和園請命云。至二十八日，京朝人人咸知懋勤殿之事，以為今日諭旨將下。而卒不下，於時知上真無權及后與帝不相容矣。

稱疾

〈本紀〉：光緒二十四年八月，皇太后復訓政，上稱疾徵醫。詔捕康有為等，楊深秀、楊銳、林旭、劉光第、譚嗣同、康廣仁俱處斬。《清史綱要》：太后復臨朝訓政，置帝於瀛臺，稱疾徵醫。先是，內廷遍傳帝病重不能視事，至是覆命中外保薦精通醫理之人。

帝在瀛臺

德宗居瀛臺，以涵元殿為寢殿，香扆殿與之相對，為皇后所居，非太后命不得往來。德宗偶或登樓遠眺，宮監即報太后，一舉一動皆有人密啟也。日惟以書史自遣，隨筆塗寫，四壁皆滿。近侍相傳，每好畫鬼怪或龜形，而書袁某名於上，張壁間，指戳之令粉碎，碎後復繪，日以為常，迨西狩始止。見近人筆記。

西狩

〈本紀〉：光緒二十六年七月己未，八國聯兵陷京師。庚申，上侍皇太后如太原，九月至西安，明年回鑾。《西狩叢談》：懷來縣知縣吳永接駕，太后召見。時皇上立侍，服元色舊棉袍，寬襟大袖，上無外褂，腰無束帶，髮長至逾寸，蓬首垢面，憔悴已極。太后命李連英引見，依式跪叩，皇上無語。又，至西安，每見臣工，太后令帝問話，上始問：「外間安否？年歲好否？」只此二語，即一日數見亦如之。又，內監對皇上殊不措意，雖稱之為萬歲，實弄如傀儡耳。

按，自京至懷來僅三日，而云「髮長逾寸」，此足見帝在瀛臺之情狀矣。內廷請髮有定期，乃至櫛沐失時，帝之處境即此可知。是誰之咎耶？自回鑾後，聞帝起居始漸復舊，仍不能定制也。

回鑾祀天

〈本紀〉：光緒二十七年十二月，上因鑾祀天於圜丘。自戊戌年八月至於是，始親詣。

德宗崩

〈本紀〉：光緒三十四年十月壬申，上疾甚。太后懿旨，醇親王載灃之子在宮中教養，復命載灃監國，為攝政王。癸酉，上疾大漸，崩於瀛臺涵元殿。年三十有八，葬崇陵。遺詔攝政王載灃子入承大統，為嗣皇帝。懿旨命嗣皇帝承繼穆宗為子，兼承大行皇帝之祧。《慈禧外紀》：太后初定嗣位，世續、張之洞皆以宜立長君為請，太后怒斥之，始定議。

宣統本紀

宣統皇帝名溥儀，宣宗之曾孫、醇賢親王之孫、監國攝政王之子也。德宗崩，入為嗣皇帝，嗣穆宗兼承大行皇帝之祧。即位，紀元宣統。元年，設軍諮處，攝政王代為海陸軍大元帥。二年，設資政院，詔於宣統五年開國會。三年，改立責任內閣，定鐵路國有。川民爭路，武昌變作，湘、滇、贛、皖、江、浙、魯、晉繼起。授袁世凱內閣總理大臣，全權議和。世凱奏與民軍議贊共和，並進皇室優待等條件，遂遜位。

論曰：帝沖齡嗣服，監國攝政，大事並白太后，大變既起，遽謝政權。天下為公，永存優待，遂開千古未有之奇焉。

宣統外紀

〈本紀〉：宣統皇帝為德宗本生弟攝政王載灃長子，母蘇完瓜爾佳氏，光緒三十二年正月十四日誕上於後海醇邸。入嗣位時，年三歲。至六歲，遜位。

按，遜位後記事別有《宣統外紀》，分十章，一典學、二隆裕大喪、三崇陵工程、四復闢、五大婚、六清理內府、七出宮、八津園、九瑣事、十附傳，分節詳述。如〈瑣事〉則記去辮及裁太監等節，〈附傳〉則記前後侍從各人事略。以所記均遜國以後事，與此編體例不合，故別出云。

清后外傳

太祖后妃

太祖后妃十四人：孝慈高皇后，葉赫納喇氏；元妃，佟佳氏；繼妃，富察氏；大妃，烏拉納喇氏；側妃，伊爾根覺羅氏、葉赫納喇氏；壽康太妃，博爾濟吉特氏；妃，哈達納喇氏、博爾濟吉特氏；庶妃，兆佳氏、鈕祜祿氏、嘉穆瑚覺羅氏、西林覺羅氏、伊爾根覺羅氏。

蒙古姐姐

《實錄》：孝慈高皇后諱蒙古姐姐，葉赫貝勒楊吉努女也。初，太祖如葉赫國，楊吉努識為非常人，謂曰：「有幼女，俟其長，當奉侍。」太祖曰：「汝欲結盟，盍以長女妻我？」答曰：「非惜長女不予，以幼女儀容端重、舉止不凡，堪為君配耳。」太祖遂聘之，戊子秋始來歸，年十四，即太宗母也。癸卯秋，后病篤，思見母，太祖遣使至葉赫迎之，后兄貝納林布祿不許。及崩，太祖悼甚，殉以四婢，不飲酒茹葷者逾月。甲辰春，太祖以后病革時欲見母未能，怒葉赫，率兵征之，克二城。

大福金

繼妃富察氏，莽塞杜諸祜女，老檔稱「大福金」，生皇五子莽古爾泰、皇十子德格類及皇女莽古濟格格。天命五年，以私藏金帛擅自授受得罪，詳見《滿洲老檔秘錄》。太祖曰：「大福金罪無可逭，惟念所出三子一女遽失所恃，不免悲痛，姑寬其死，遣令大歸。」旋賜死。見《實錄》。

按，福金一作「福晉」，或云哈屯二字轉音。哈屯，契丹語可敦，譯言后也。或云即夫人轉音也。

大妃阿巴亥

大妃烏喇氏，諱阿巴亥，貝勒滿泰女，即攝政王多爾袞母也。《三朝實錄》：孝慈皇后崩後，立烏喇貝勒女為大福金。大福金美豐儀而心未純善，常拂上意，雖有機巧，皆為上英明所制。上知之，恐其後為亂於國，預以書遺諸貝勒曰：「我身後必令之殉。」及太祖崩，諸貝勒以遺命告大福金，大福金不欲從死，語支吾。諸貝勒堅請之，大福金始易禮服，飾以金玉珠翠珍寶之物，因涕泣謂諸貝勒曰：「我年十二事先帝，豐衣美食二十六年，何忍離也？但吾二幼子多爾袞、多鐸幸恩養之。」遂以身殉。又有二庶妃亦同殉焉。至順治年，攝政王既薨，論罪有取閱《太祖實錄》，令削去伊母事蹟一款。後重修

《實錄》，亦不載迫殉事。

按，《實錄》：太祖幸湯泉，大漸。還京，使人召大妃。迎入渾河，未至瀋陽四十里，上崩。是太祖崩時，僅大妃侍左右。又，順治年，追論攝政王罪狀，有親到皇宮院內，謂「太宗帝位原係奪立」等語，則當時似有嗣位之爭。大妃之殉，或以此歟？

太宗后妃

太宗后妃十五人：孝端文皇后，博爾濟吉特氏；孝莊文皇后，博爾濟吉特氏；宸妃，博爾濟吉特氏；貴妃，博爾濟吉特氏；淑妃，博爾濟吉特氏；元妃，鈕祜祿氏；繼妃，烏拉納喇氏；側妃，葉赫納喇氏、博爾濟吉特氏；庶妃，納喇氏、奇壘氏、顏札氏、伊爾根覺羅氏，又氏未詳者二。

清寧中宮

孝端文皇后，博爾濟吉特氏，貝勒莽古思女，甲寅歸太宗。崇德元年，太宗受尊號，後以嫡妃冊立，稱清寧中宮，與永福宮莊妃、關雎宮宸妃、麟趾宮貴妃、衍慶宮淑妃並封，皆以所居宮額為稱號也。

孝莊文皇后

孝莊文皇后，博爾濟吉特氏，科爾沁貝勒寨桑女也。崇德元年封永福宮莊妃，生世祖及公主三。世祖踐阼，尊為皇太后。聖祖立，尊為太皇太后。仁慈愛人，每有偏災，輒發宮帑賑恤。值三藩用兵，後念出征駐防兵士勞苦，盡發宮中金帛加犒。國初故事，后妃、諸王、貝勒、福金、貝子、公夫人皆有命婦更番隨侍，自後始罷。宮中遵祖制，暬御不畜漢女。性知書，世祖嘗稟母訓，述《內則衍義》。聖祖命儒臣譯《大學衍義》進，后善之，頒賜有加。又嘗作書誡聖祖，並勉以用人、行政敬承天意，虛公裁決。崇養兩朝，祝釐肆賚，獻詩掞頌，天下稱孝慈焉。康熙二十六年，崩，年七十有五。遺誥曰：「予幼承太祖登聘，獲奉太宗，贊襄內政。龍馭上賓，誓以身殉，諸王大臣以世祖沖齡，勉留此身，撫育教訓。十有九年，重遭不造。顧茲藐孤，復抑初志。皇帝孝養備盡，予心甚安。屬當寢疾，遽至彌留，得復奉太宗左右，夫亦何憾！皇帝宜勉自節哀，以萬幾為重。又語帝昭陵歲久不可啟，魂魄戀汝父子，務擇孝陵近地安厝。遂葬昭西陵。節張采田《后妃傳》。

又，《通考》：孝莊皇后，順治元年尊為皇太后。八年，上徽號曰昭聖慈壽皇太后。下嫁之說實誣。《后妃傳》注。

按，張煌言《奇零草・建夷宮詞》：「上壽觴為合巹尊，慈寧宮裡爛盈門。春宮昨進新儀注，大禮恭逢太后婚。」鈔本此詩繫年庚寅，為順治七年。《實錄》：是年正月丁卯，攝政王追封其妃為敬孝忠恭正宮元妃。丁丑，納肅親王福金。攝政王以皇叔父納妃繼正宮，當時典禮隆重，民間或有太后之稱。孝莊知書明禮，母儀天下，不待辯而知其誣矣。

宸妃

宸妃，孝莊后姊也，崇德初封關睢宮宸妃，有寵於太宗。六年，薨。太宗方攻松杏山，聞妃病，先旋。比薨，慟甚，昏迷伏地，既而悔曰：「太祖崩時未嘗有此。天之生朕，豈為一婦人哉？」然燕間遊矚，輒思慕不已。參政祖可法等諫謂：「天佑我國，錦州垂克，宜以理抑情。」帝不聽，躬自奠醊。外藩朝鮮、蒙古皆遣使來弔祭。追封元妃。

東宮福金

側妃札魯特博爾濟吉特氏，父代青。始，太宗立孝端嫡妃，曰中宮大福金，又立西宮福金，惟東宮未備員。天聰六年，聞蒙古札魯特部落貝勒代青女賢，聘焉。時當草創，宮闈位號簡略，但稱東宮福金而已。

竇土門福金

竇土門福金，察哈爾汗妻也。《實錄》：天聰八年，察哈爾國林丹汗妻竇土門福金攜其國人來降，大貝勒代善等公議奏謂：「天特賜皇上，可即納之。」上固辭曰：「此福金，朕不宜納。貝勒中有妻不和睦者，當以與之。」代善等復力勸，護送福金多尼庫魯克亦曰：「我等此行，乃送福金，非私來也。皇上納之，則新附諸國與我等皆不勝踴躍歡慶矣。」上思三日，因憶行師時駐營納里特河，曾有雌雉飛入御幄之祥，此殆天意，於是始納之。眾喜，皆望天拜謝。

按，察哈爾部下送福金入降，意尚觀望。太宗初堅辭而後納之，正以安眾心也。

囊囊太后

囊囊太后，察哈爾汗大福金也。《實錄》：天聰九年，先是，郭爾圖塞真送察哈爾汗大福金囊囊太后至，上謂大貝勒代善宜娶之，代善不從，諸貝勒奏言：「此乃察哈爾汗有名多羅大福金，上宜自納之。」上曰：「朕先已納一福金，今又納之，於理不合。」諸貝勒言：「此非有所欲而強娶之，乃天所賜也。」再三陳奏。月餘，方允納之。

世祖后妃

世祖后妃十九人：廢后博爾濟吉特氏；孝惠章皇后，博爾濟吉特氏；孝康章皇后，佟佳氏；孝獻皇后，董鄂氏；悼妃，博爾濟吉特氏；貞妃，董鄂氏；恪妃，石氏；恭靖妃，浩齊特博爾濟吉特氏；淑惠妃，科爾沁博爾濟吉特氏；端順妃，阿巴海博爾濟吉特氏；寧慤妃，董鄂氏；庶妃，穆克圖氏、巴氏、陳氏、唐氏、鈕氏、楊氏、烏蘇氏、納喇氏。

廢后

廢后博爾濟吉特氏，科爾沁卓哩克圖親王烏克善女，順治八年納為后。后容止佳麗，性巧慧，好奢，多猜嫉，積與帝迕。十年，議廢后，奏聞皇太后，降為靜妃，改居側宮。王大臣等請建東西兩宮，仍后位號，帝不從。后竟廢。

孝康章皇后

孝康章皇后，佟佳氏，聖祖生母也。后，一等公圖賴女。幼入宮，為世祖妃，年十五生聖祖。聖祖踐阼，尊為慈和皇太后。康熙二年，崩。佟佳本以地氏，國初隸漢軍，帝以后故，令圖賴一族入滿洲。

董妃

孝獻皇后董鄂氏，世稱「董妃」，實滿洲正白旗人，內大臣鄂碩女也。後以大臣女入選，順治十三年立為賢妃，復進冊為皇貴妃。十四年，生皇四子。十七年，薨，追諡為孝獻皇后。世祖御製〈行狀〉及大學士金之俊撰傳述記甚明。《實錄》、《通考》並詳世族。野史所傳，純出毀誣，不足信也。其誤或由〈狀〉、〈傳〉僅言后姓董氏，而未明著董鄂。不知滿洲氏族皆以音譯，孝康章皇后母覺羅氏，封公夫人，詔作焦氏，覺羅合音曰焦，棟鄂合音曰董，其例一也，又何可疑耶？鄂碩，《清史》有傳，滿洲棟鄂氏，以戰功累進一等精奇尼哈番，順治十三年擢內大臣，十四年以女冊封皇貴妃，進三等伯，卒贈三等侯，諡剛毅。

孝獻皇后行狀

世祖御製〈孝獻皇后行狀〉：后，董氏，滿洲人，父內大臣鄂碩。后幼穎慧，年十八，以德選入掖庭，婉靜循禮，為皇太后所嘉與。順治十三年，承懿命立為賢妃，復進冊為皇貴妃。其事朕晨夕候興居，視飲食服御，曲體罔不悉。或命之共餐，即曰：「陛下厚念妾，幸甚，然孰若與諸大臣，使得霑寵惠乎？」朕故頻與大臣共食。朕每省封事抵夜分，后未嘗不侍側。遇例報，朕寓目已置之，后輒曰：「此雖奉行故事，顧安知無時變需更張，且有他故宜洞矚者，奈何忽之？」及朕令后同閱，即復謝曰：「妾聞婦無外事，豈敢以女子干國政耶？」每當日講後，必詢所講，朕與言章句大義，后輒喜。朕有時親騎射，后必諫曰：「陛下習武事，安不忘危，甚善，然馬足安足恃？」深為危之。朕覽廷讞疏，握筆猶豫未忍下，后必勉朕再閱，求可矜宥者全活之。大臣有偶干罪戾者，朕或不樂，后曰：「諸大臣即有過，皆為國事，曷霽威詳察，以服其心？不則諸大臣弗服，何以服天下之心乎？」初朕或加譙讓，后猶申辯，及讀史至姜后脫簪待罪事，翻然曰：「古賢后身本無愆，尚若彼，我往殊違恪順之道。」嗣即有宜辯者，第引咎自責而已。后事今后，克盡謙敬。朕以今后事皇太后有違孝道，令群臣議，后聞之，長跽請曰：「陛下若遽廢皇后，妾必不敢生，萬無廢皇后也。」后於丁酉冬生榮親王，未幾殤，后恬然曰：「豈必己生者為天子，始慊心乎？」噫！可謂明大義，不顧私戚，以禮自持，能深體朕心者矣。

又，金之俊奉敕撰傳：孝獻皇后，姓董氏，滿洲人，父內大臣鄂碩。后生而警慧過人，讀《女誡》、《列女傳》等，一過輒不忘。稍長，嫻女工，於組紃紝織，如素習然。動履進止咸中規程，秩然有母儀之度。年十八，以德入選，為賢妃，進冊皇貴妃。事皇太后曲盡奉養，如親子女。事上則小心翼翼，備極恭謹，凡飲食服御間，曲體靡遺。后深識遠慮，見機明決，敢於犯顏直諫，有舉朝公卿所不克殫其忠藎者，上用是深嘉焉。后慈惠好施與，凡上所錫賚，必推而廣之群下，無所靳。性愛節儉，服浣衣，屏金飾，簪珥多用骨角，約素異常。后又喜讀書，《四書》、《周易》俱卒業。習書法，遽造精工。后素不信浮屠氏，上嘗為解釋《心經》，遂信向禪學。自嬰疾後，從未偃臥，但息心靜坐。及疾篤至大漸時，言語如常，一心不亂，惟持念佛號，端然嘘氣而化。后雖未及正位宮中，而內政秩然，纖悉曲當，今一旦崩逝，上所以撫時觸事，睹景興悲，追念不已。讀御製〈行狀〉，一字一淚，含毫酸咽，聊為綴述，使後有所考云。

漢女為妃

《通考》：妃石氏，灤州人，戶部待郎石申女，以漢籍入選，賜居永壽宮。《后妃傳》注。

按，《實錄》：順治五年，詔許滿漢通婚，漢官之女欲婚滿洲者，令報部，故妃以漢籍得在選中，實特例也。《永平府志》：世祖稽古制，選漢官女備六宮，戶部左侍郎石申女及笄，承恩賜居永壽宮，冠服用漢式。敕石申妻趙淑人乘肩輿入西華門，至右門下輿，入宮行家人禮，賜重筵，賞賚有加。後封恪妃。志乘之言，不無緣飾，而漢女為妃則確事也。

孔四貞

孔四貞，有德女也。《實錄》：順治十三年，諭禮部：「奉聖母皇太后諭：『定南武壯王女孔氏，忠勳嫡裔，淑順端莊，堪翊壺範，宜立為東宮皇妃。」爾部即照例備辦儀物，候旨行冊封禮。」《后妃傳》注：考孔有德順治九年殉難，大兵復桂林，女四貞以櫬歸京。初，有德以四貞字孫延齡，時尚幼，特賜白金萬兩，歲俸視郡主。既長，適延齡。見《國史・貳臣逆臣傳》。無名氏《四王合傳》：四貞入宮為太后養女，及年十六，太后為擇婿，四貞自陳有夫。蓋有德存日，已許配孫偏將子延齡矣。詔求得之，奉太后命為夫婦，賜第西華門外，封四貞為和碩格格，掌定南王事，遙制廣西軍。皆不言四貞曾被選。惟吳偉業《仿唐人本事詩》，相傳為四貞作，其首章曰：「聘就蛾眉未入宮，待年長罷主恩空。旌旗月落松楸冷，身在昭陵宿衛中。」與《實錄》合，蓋待年而未入宮者也。或因四貞自陳有夫，遂罷冊禮歟？

按，《實錄》僅有候旨之諭，而未載冊封。必因此停止，無可疑也。

聖祖后妃

聖祖后妃三十九人：孝誠仁皇后，赫舍哩氏；孝昭仁皇后，鈕祜祿氏；孝懿仁皇后，佟佳氏；孝恭仁皇后，烏雅氏；溫僖貴妃，鈕祜祿氏；慤惠皇貴妃，佟佳氏；慧妃，科爾沁博爾濟吉氏；惠妃，納喇氏；宜妃，郭絡羅氏；榮妃，馬佳氏；敬敏皇貴妃，章佳氏；惇怡皇貴妃，瓜爾佳氏；平妃，赫舍哩氏；良妃，衛氏；宣妃，博爾濟吉特氏；成妃，戴佳氏；定嬪，萬琉哈氏；順懿密妃，王氏；安嬪，李氏；敬嬪，章佳氏；端嬪，董氏；僖嬪，赫舍哩氏；純裕勤妃，陳氏；通嬪，納喇氏；貴人，兆佳氏、郭絡羅氏、袁氏、納喇氏、陳氏、納喇氏；庶妃，高氏、色赫圖氏、石氏、陳氏、陳氏、張氏、王氏、劉氏、鈕祜祿氏。

孝恭仁皇后

孝恭仁皇后，烏雅氏，參領衛武女，世宗母也。康熙十八年，封德嬪。二十年，進德妃。世宗即位，尊為皇太后，號仁壽。雍正元年，崩於永和宮。

定太妃

定妃，萬琉哈氏，郎中拖爾弼女，康熙五十七年冊為嬪，生皇十二子和碩履親王允祹。世宗即位，尊為皇考定妃，稱「定太妃」。妃就養允祹王邸，高宗時歲時節臘必迎入宮，賦詩獻壽，稱為盛事。年九十七薨。

按，《實錄》：雍正十三年十二月，高宗諭：「莊親王、果親王奏請各迎妃母於邸第。朕聞奏，心甚不安。今思人子事親，誠欲各遂其願。自今以往，歲時伏臘、令節壽辰，二王及各王貝勒可各迎太妃於邸第，其餘日仍在宮中，則王等孝養之心與朕敬奉之意庶可兩全。」自此諭後，母妃始無就養王邸者。

世宗后妃

世宗后妃八人：孝敬憲皇后，納喇氏；孝聖憲皇后，鈕祜祿氏；敦肅皇貴妃，年氏；純懿皇貴妃，耿氏；齊妃，李氏；謙嬪，劉氏；寧妃，武氏；懋妃，宋氏。

孝聖憲皇后

孝聖憲皇后，鈕祜祿氏，四品典儀凌柱女。高宗母也。事世宗雍邸。聖祖時，嘗隨孝敬后見於避暑山莊，聖祖稱為「有福之人」。世宗立，封熹妃，進貴妃。高宗即位，尊為皇太后，號崇慶。時承平久，后母儀尊養四十餘年。帝數奉南巡，每萬壽慶辰，捧觴躬舞，賞燈賜膳，親製詩畫，以中愛敬。乾隆四十二年，崩於長春仙館，年八十有六。王闓運《今列女傳》：孝聖憲皇后始在母家，居承德城中。幼貧，詣市買漿酒粟麵，所至店肆輒大售，市人驚異。十三歲，入京師，值選秀女，隨入觀，門者初以為在籍中，既而引見，十人為列，始覺之。主者懼譴，令入末班，竟中選，分皇子府，得在雍邸。世宗疾，孝聖奉妃命，旦夕服事，遂得留侍，生高宗焉。

按，王氏博雅，號通掌故，而不知秀女入選例遞名牌，詎得臨時妄指？何所記之俗陋也！

年妃

貴妃，年氏，年遐齡女也。幼嬪世宗藩邸，為側妃。即位，封貴妃。三年，妃病篤，上諭禮部：「貴妃年氏，柔嘉淑順，體素病弱，力疾盡心，贊襄內政，可封為皇貴妃。」是年十一月，薨，追諡敦肅皇貴妃。

按，年羹堯雍正三年獲罪，十二月，令自裁，其父年遐齡、兄年希堯革職免罪，猶有推恩意也。

耿妃

裕妃，耿氏，滿洲人。世宗即位，封裕嬪，進為妃。高宗二年，封為皇考貴妃。四十三年，上以裕貴妃母妃九十壽，晉封裕皇貴妃，親奉冊寶，御書扁聯，御製詩章，詣裕皇貴妃宮行禮，稱為宮闈盛事。四十九年，薨，追謚皇考裕純懿皇貴妃。

高宗后妃

高宗后妃二十七人：孝賢純皇后，富察氏；孝儀純皇后，魏佳氏；皇后，納喇氏；慧賢皇貴妃，高佳氏；哲憫皇貴妃，富察氏；淑嘉皇貴妃，金佳氏；純惠皇貴妃，蘇氏；欣貴妃，戴佳氏；慶恭皇貴妃，陸氏；愉妃，珂里葉特氏；循妃，伊爾根覺羅氏；舒妃，葉赫納喇氏；穎貴妃，巴林氏；豫妃，博爾濟吉特氏；容妃，和卓氏；惇嬪，汪氏；順妃，鈕祜祿氏；婉嬪，陳佳氏；怡嬪，柏氏；恂嬪，拜爾噶斯氏；慎嬪，霍碩特氏；誠嬪，鈕祜祿氏；恭嬪，林佳氏；芳嬪，陳佳氏；貴人，西林覺羅氏；儀嬪，黃氏；晉貴人，富察氏。

孝賢純皇后

孝賢純皇后，富察氏，父李榮保，祖米思翰。乾隆二年，以嫡妃冊立。性節儉，平居冠通草線絨花，不御珠翠。歲時例進帝荷包，惟以鹿羔氄毧緝為燧囊，仿先世關外之制，寓不忘本意，帝特加敬寵。十三年，帝奉皇太后東巡，后侍，返蹕濟南，崩於德州。歸治喪，詔內外官縞素哭臨，禁剃髮百日，追謚為孝賢皇后。先是，慧賢皇貴妃薨，定謚時，后戲謂帝曰：「吾他日期以孝賢可乎？」至是，帝以夫婦相知，遂用之。后既亡，帝追懷不已，感逝抒情，時見篇什，又為〈述悲賦〉以寫哀悼焉。《后妃傳》。

納喇皇后

皇后，納喇氏，佐領那爾布女。以側妃侍高宗潛邸。即位二年，封嫻妃。十年，進貴妃。孝賢后崩，攝六宮事，進皇貴妃。十五年，冊立為皇后。三十一年，薨，帝下詔曰：「皇后自冊立以來，尚無失德。去年春，奉皇太后南巡，性忽改常，不能恪盡孝道。比至杭州，舉動尤乖心理，跡類瘋迷，因令先歸，在宮調攝。經今一載，病劇遽奄。論其行事，即當廢黜，朕仍存其位號，但喪儀可依皇貴妃例行。」后未薨時，外廷頗有異議，後且傳為溺死德州舟次。《實錄》明載回宮一載始因病逝，上諭又述其病狀，謂：「自行剪髮，國俗所最忌。」並言：「自此不復立后，心事光明正大。」蓋亦以有異議而發云。

孝儀純皇后

孝儀純皇后，仁宗母也。本姓魏，包衣管領下人，以抬入滿洲旗，稱魏佳氏。內管領清泰女。乾隆十年，封令嬪，進為妃。二十四年，進貴妃。三十年，進皇貴妃。四十年，崩，謚令懿皇貴妃。六十年，東宮建，帝行內禪禮，追謚為孝儀皇后。

慶貴妃養母

慶貴妃，陸氏，陸士龍女。仁宗幼時，為妃所鞠育。及即位，妃已前薨，嘉慶四年，乃下諭曰：「朕自沖齡蒙慶貴妃養母撫育，與生母無異，宜加進崇封。」於是追封為慶恭皇貴妃。

惇嬪

惇嬪，汪氏，都統四格女。始以貴人封惇嬪，進惇妃。生皇十女固倫公主。後以責斃婢使，仍降為嬪。乾隆四十二年，諭：「昨惇妃將伊宮使喚女子責處致斃，若不從重辦理，不足使備位宮闈之人咸知警畏。第念曾育公主，姑從末減，即著降封為嬪，以示懲儆。」

回妃

容妃，和卓氏，回部臺吉和札賫女。乾隆二十六年，以貴人封為嬪。三十三年，進容妃。五十三年，薨。

按，世傳高宗回妃，當即指此。王闓運《今列女傳》：準、回之平也，有女籍於宮中，生有美色，專得上寵，號曰「回妃」。然準女懷家國破亡之恨，陰有逆志，因侍寢而驚宮御者數矣。詰問，具對「以必死報父母之仇」。上益悲壯其志，思以恩養之。太后知焉，每召回女，上輒左右之。會郊祭齋宿，子夜駕出，太后乘平輦直至上宮，入便閉門。宦侍奔告，上遽命駕還，叩門不得入，以額觸扉，臣御驚號，聞於內外。太后當門坐，促召回女，絞而殺之。待其氣絕，撫之已冷，乃啟門。上入號泣，俄而大窜，頓首太后前，太后亦持上流涕，左右莫不感動泣下。海內聞者，皆歎息相謂天子有聖母也。《后妃傳》注：王氏書好任意出入，此所記回妃事亦不詳所本，且準部元裔，不得概稱回女，其說已自相岐出，姑錄之以廣異聞云云。《順天府志》：寶月樓，相傳高宗為香妃建。令西域回部移住長安街，名曰「回子營」，俾妃登樓南望，如見故鄉云。又，浴德堂有浴室，亦傳為香妃築。堂在武英殿右，地屬外朝，詎有妃侍游浴之理？惟近由故宮發見《香妃戎服圖》等多幅，則當時自有號「香妃」者。大抵妃侍承寵，偶加豔稱，不必定屬回妃也。

銀妃

《梵天廬叢錄》：銀妃，青州黃氏，小字杏兒，有美名。高宗南巡，聞之，密輦入宮。承恩寵，封銀妃。及香妃至，寵倖甚於妃。妃妒恨，譖諸太后，賜香妃死。上不復幸妃，妃遂有長門之歎矣。

按，此與香妃同一無考。惟近見有《銀妃晚妝圖》流傳海外，想亦寵妃寫照，偶題佳號，而青州黃氏則野說也。

仁宗后妃

仁宗后妃十四人：孝淑睿皇后，喜塔臘氏；孝和睿皇后，鈕祜祿氏；和裕皇貴妃，劉佳氏；華妃，侯佳氏；恕妃，完顏氏；莊妃，王佳氏；恭順皇貴妃，鈕祜祿氏；淳嬪，董佳氏；信嬪，劉佳氏；簡嬪，關佳氏；遜嬪，沈佳氏；恩貴人，烏雅氏；榮貴人，梁氏；安嬪，蘇完尼瓜爾佳氏。

孝淑睿皇后

孝淑睿皇后，喜塔臘氏，和爾敬額女。宣宗母也。仁宗即位，奉太上皇帝命，以嫡妃冊立為皇后。嘉慶二年，崩，上諭：「皇后薨逝，蒙皇父敕旨，照皇后典例舉行。第思朕日侍慈聖，諸取吉祥，皇后冊立未久，此七日內圓明園辦事人員俱著常服，惟不掛珠。此禮以義起，天下臣民自當共喻朕崇奉皇父專隆尊養至意。」冊謚孝淑皇后。

恭慈皇太后

孝和睿皇后，鈕祜祿氏，一等侯恭阿拉女。嘉慶元年，封貴妃。二年，孝淑皇后崩，上皇命貴妃繼中宮，先封皇貴妃，敕旨曰：「皇后逝已百日，皇帝中宮不可久曠，今貴妃係朕前選賜皇帝為側福晉，即冊封為皇貴妃，俟二十七個月後再舉行冊立皇后典禮。」四年，立為后。宣宗即位，尊為皇太后，號恭慈。屢崇進徽稱。道光二十九年十二月，崩，上哀慟不已，席地寢苫。明年正月，上崩於慎德堂苫次。

如太妃

如妃，鈕祜祿氏，主事善慶女。嘉慶十年，以貴人封如嬪。十五年，進為妃。宣宗即位，封皇考如貴妃。道光二十六年，進皇貴妃。文宗立，諭曰：「如皇貴妃承侍皇祖多年，皇考加崇位號，年齡最尊，宜晉隆稱，尊封為如皇貴太妃。」帝屢詣問安。咸豐十年，薨，追謚恭順皇貴妃。

宣宗后妃

宣宗后妃十八人：孝穆成皇后，鈕祜祿氏；孝慎成皇后，佟佳氏；孝全成皇后，鈕祜祿氏；孝靜成皇后，博爾濟吉特氏；莊順皇貴妃，烏雅氏；和妃，納喇氏；彤妃，穆舒魯氏；祥妃，鈕祜祿氏；珍妃，赫舍里氏；恬妃，富察氏；常妃，赫舍里氏；佳貴妃，郭佳氏；成貴妃，鈕祜祿氏；順嬪，不詳何氏；恒嬪，蔡佳氏；豫嬪，尚佳氏；貴人，李氏、那氏。

孝全成皇后

孝全成皇后，鈕祜祿氏，頤齡女。文宗母也。始為嬪。道光三年，封全妃。五年，進貴妃。十四年，立為皇后。二十年，崩，諭：「以順孝醇全，足眩一生，應即諡為孝全皇后。」

康慈皇太后

孝靜成皇后，博爾濟吉特氏，花良阿女。道光六年，以貴人封靜嬪。七年，進靜妃。十四年，進靜貴妃。二十年，封皇貴妃。文宗幼失母妃，鞠養勤劬。及即位，尊為康慈皇貴太妃，問安侍膳，隆禮尤備，屢奉鑾輿遊幸。咸豐五年，妃病篤，上尊號為康慈太后。崩，帝哀慟號呼，摘冠纓、剪髮成服，冊謚曰孝靜，仍以妃禮葬，並諭：「恭親王奕訢勿庸恭理喪儀，且罷機務。」

按，恭王為孝靜后子，傳以喪禮過崇，不合帝意，遂出軍機。王闓運《祺祥故事》：恭忠親王母康慈妃，文宗慈母也。全太后以文宗託妃，妃捨其子而乳文宗，故與王如親兄弟。即位，即命王入軍機，而冊康慈為太貴妃。王頻以尊號太后為言，帝默不應。會太妃疾，帝問安，妃以為恭王，即曰：「他性情不易知，勿生嫌疑也。」帝知其誤，自此始有猜，而王不知也。及病篤，王泣跪，言待封號以瞑，帝應曰：「哦，哦。」王輒傳旨令具冊禮，上慍而依上尊號，遂令王出軍機，而減損太后喪儀。

按，罷直詔以辦理喪儀疏忽為詞，即斥其專擅也。至乳文宗一語，則誤。皇子生，例用乳母乳之，后妃皆不自乳。且孝全崩時，文宗年已逾十齡矣，蓋與恭王同時撫育也。

文宗后妃

文宗后妃十九人：孝德顯皇后，薩克達氏；孝貞顯皇后，鈕祜祿氏；孝欽顯皇后，葉赫納喇氏；莊靜皇貴妃，他他拉氏；玫貴妃，徐佳氏；英嬪，伊爾根覺羅氏；雲嬪，武佳氏；瑃常在；玶常在；鑫常在；婉嬪，索綽羅氏；祺貴妃，佟佳氏；璷嬪、容嬪、璹嬪、玉嬪、吉妃、禧妃、慶妃，均不詳何氏。

四春

王闓運《圓明園》詞注：宮中例無漢女，純皇時，常採進，依買婢妾之例，不挑選也。文宗時，有四人承寵者，分居牡丹春、海棠春、武陵春、杏花春各亭館，內府號曰「四春」。

按，此亦無考。妃嬪承寵，偶以館名，亦或有之，不必定為漢女也。

孝貞顯皇后

考貞顯皇后，鈕祜祿氏，郎中穆揚阿女。咸豐二年，以貞嬪進貴妃，冊立為皇后。穆宗踐阼，尊為母后皇太后，上徽號曰慈安，與孝欽后同垂簾聽政，稱東西兩宮。時政權秉自孝欽，后但端拱而已。然關於軍國大計，偶行一事，天下莫不稱頌焉。同治八年，山東巡撫丁寶楨奏太監安得海矯旨出都，立命嚴密擒捕，就地正法，並申諭約束太監。光緒七年，崩於鍾粹宮，上謚曰孝貞顯皇后。《后妃傳》原按：近人依託宮闈，流言無實，尤莫甚於《惲氏筆錄》所載孝貞暴崩事。夫既云顯廟手敕焚毀，敕語何從而知？食盒外進，又誰確見？惲氏曾事東朝，橫造影響無驗之言，後之覽者宜深辟之。又《翁同龢日記》：光緒六年二月，慈禧聖體違和，召見辦事皆慈安皇太后獨御簾。十餘年來，此為創見云。

孝欽顯皇后

孝欽顯皇后，葉赫納喇氏，道員惠徵女。穆宗生母也。後幼入宮，封蘭貴人。咸豐四年，進懿嬪。六年，生穆宗，進懿妃，又進懿貴妃。穆宗即位，尊為聖母皇太后，號慈禧，與孝貞后同聽政。同治十二年，始歸政。穆宗崩，立德宗，復訓政。十五年，始撤簾。二十四年，后復臨朝。二十六年，各國兵入京師，后攜帝西狩，明年還京。三十四年，德宗崩，后以醇親王載灃之子嗣立，尊為太皇太后。明日，后亦崩，葬定東陵。

蘭貴人

《實錄》：咸豐四年，內閣奉諭旨：「貴人那拉氏晉封為懿嬪。」玉牒作「蘭貴人」。或謂后小字曰蘭，故當時撰擬進呈文字，相戒不用蘭字。

按，妃嬪封號既定字樣，不復更易。懿為封號，則蘭以名冠，亦可解也。

懿嬪

《實錄》：咸豐四年，貴人那拉氏封懿嬪。六年，穆宗生，進懿妃，又進懿貴妃，冊文略曰：「諮爾懿妃那拉氏，賦性柔嘉，秉心淑慎，祥開麟定，恩奉龍章，瑞毓螽詵，吉符燕喜。既蕃禧之茂介，宜顯秩之攸加，是用晉封爾為懿貴妃，錫之寶冊」云云。

聖母皇太后

〈本紀〉：穆宗立，尊母后、聖母並為皇太后，垂簾聽政，命恭親王奕訢為議政王領軍機。按，是時孝欽后母以子貴，中外皆稱曰「聖母皇太后」。

《后妃傳》：文宗臨崩，以印章二賜孝貞后及帝，后曰「御賞」、帝曰「同道堂」，凡發諭旨，分鈐起訖處。軍機處密札：兩印均大行所賜，母后用「御賞」印，印起；上用「同道堂」印，印訖。凡應用朱筆者，用此代之，述旨亦均用此，以杜弊端。《翁同龢日記》：擬旨繕進呈閱後，上下用「御賞」、「同道堂」二印為憑信。按，「同道堂」印後由孝欽后執用，想因穆宗年幼，故孝欽代鈐，母后、聖母兩宮分負其責焉。《祺祥故事》：凡擬旨，上覽發，以「同道堂」小印為記。又謂，文宗嘗晏朝，孝貞后以違祖法，責侍寢者。上還，歎曰：「此自我過，彼且恕之。」后奉詔，帝慚，即解玉印賜后以謝，「同道」章自此始。按，此誤記。「同道堂」印確由孝欽執用也。

〈本紀〉：御史董元醇請皇太后權理朝政。初，文宗遺命以載垣等贊襄政務。太后意在臨朝，御史董元醇疏請兩宮太后權理朝政，載垣等擬旨嚴斥，太后大怒，爭而後發。軍機處密札：董請垂簾，擬旨痛駁。遞上，摺、旨均留，又叫有兩時許，鄭等始出，仍未帶下。探知是日見面大爭，老杜尤肆挺撞，有若聽信人言「臣不能奉命」語。太后氣得手顫。次早始發下，怡等笑聲徹戶。不久即有大變，八人斷難免禍，其在回城時乎？再聞西邊定要臨朝，後來東邊轉彎，大要是姑且將就耳。遂密召恭王赴行在。

〈本紀〉：恭親王赴行在叩謁梓宮，實奉密召。軍機處密札：恭邸今日大早到，適趕上殷奠行禮，伏地大慟。祭後，太后召見，恭王請與內廷偕見，未許，遂獨對，約一時許方出。肅輩頗有懼心，見恭王未嘗不肅然改容，連日頗為斂戢。近日八位見起不過二三次，時亦甚暫，足見自有主宰。原札「肅輩」作「宮燈輩」，當時隱語，謂「肅」字形也。《清史綱要》：恭王至，太后召見，杜翰昌言於眾，謂：「叔嫂當避嫌，且太后居喪，尤不宜召見親王。」肅順稱善。然恭王終設計獨見太后，遂密謀誅載垣等，並密擬拿問各旨，以備到京即發。議定，恭王先還，太后即下還京之旨。載垣等力阻，不聽，乃議命肅順護送梓宮，載垣等扈從，太后等由間道還。既至，下詔暴載垣等罪狀。恭王捧詔宣示，載垣、端華二人厲聲曰：「吾輩未入，詔從何來？」恭王命侍衛擒出，幽之宗人府。時肅順方次密雲，擁妾臥。逮者毀門入，械至京同議罪。

《實錄》：穆宗奉皇太后還宮，以力阻垂簾，治載垣、端華、肅順等罪，諭曰：「前因御史董元醇陳請皇太后暫權朝政，深合朕意。雖我朝向無皇太后垂簾之儀，朕以國計民生為重，豈能拘守常例？所謂事貴從權，特面諭載垣等著照所請。該王大臣擬旨時擅自改作，是誠何心？又，朕於熱河行宮特旨召見恭親王，帶同大學士桂良、周祖培，軍機大臣文祥，乃載垣等肆言不應召見外臣，擅行攔阻，跋扈專擅，肆無忌憚。著即傳旨拿問。」又諭：「閣部會同定擬載垣等罪名，載垣、端華均賜令自盡，肅順著斬立決，以為大逆不道者戒。」《祺祥故事》：御史請垂簾，肅順言：「按祖制當斬。」票擬上，留不下，於是軍機三日不視事，后怒而始發。次日大臨，后見醇王福晉而泣，令醇王入見。及至，肅順斥之退，宮監三問始引入。密令召恭王，恭王自京至，對：「非還京不可。」后乃傳旨回鑾。既至京，詔發罪狀，斬肅順，而賜怡、鄭二王死。一時謂之「三凶」。又云：初，文宗出狩，自都啟行，供張無辦，后妃不得食，惟以豆乳充飯。而肅順有食擔，獨供帝御酒肉。后以此已惡肅順矣。

《實錄》：禮親王世鐸等奏：「遵旨會議垂簾章程，兩宮皇太后、皇上同御養心殿，各設案，皇太后前垂簾，召見內外臣工、引見京外官員，御前大臣輪派一人帶領進見。」又諭：「現在一切政務，兩宮皇太后躬親裁決。繕擬諭旨，仍應作為朕意，仍書朕字。」又諭：「各直省及軍營奏報，呈遞兩宮慈覽，發交議政王軍機大臣，於當日召見時請旨繕擬，閱定頒行。」

《庸盦筆記》：當時稱東宮德優，大誅賞、大舉措悉主之；西宮才優，主判閱章奏、裁決庶政。而召對臣下、諮訪利弊，悉中窾竅，東宮則吶吶若無語，然關於軍國大計及舉賢進能，每行一事，天下無不額手稱慶云。

《實錄》：同治四年，恭王以議政忤太后意，太后朱諭指為妄自尊大、目無君上，暗使離間、取巧妄陳，毋庸在軍機處議政，革去一切差使。旋以諸臣奏請，仍命在軍機大臣上行走，撤議政名目。《祺祥故事》：初，兩宮聽政，恭王既被親用，每日入朝，輒立談移晷。宮監進茗飲，兩宮必曰：「給六爺茶。」一日，召對頗久，王立御案前，舉甌將飲，忽悟此御茶也，仍置故處，兩宮哂焉。孝欽御前太監小安，方有寵，多所宣索，王戒之。明日進膳，則悉用粗惡者。孝欽訝問，以六爺責言對，慍曰：「乃約束及我日用耶？」御史蔡壽祺聞之，劾王貪恣。后遂怒發罪狀，諭有曖昧難述之語。朝論大驚疑，而外使亦詢軍機事所由。用是得解，復召見，王痛哭陳謝，復直如初。王自是益謹。

慈禧太后

〈本紀〉：穆宗崩，立德宗，奉慈安皇太后居鍾粹宮、慈禧皇太后居長春宮，兩宮皇太后復垂簾聽政。《后妃傳》：后性剛果，既與孝貞再稱制，一時大事多決於后。及孝貞崩，后獨當國，罷軍機、罪言官、任太監。既諭歸政，又允暫緩，至帝大婚始撤簾，而用人行政仍隨時秉承，莫敢違焉。按，是時皆稱曰「慈禧太后」，或曰「西太后」，亦曰「西宮」。

《實錄》：同治十三年，上崩。慈安皇太后、慈禧皇太后御養心殿西暖閣，召親王大臣入，懿旨醇親王奕譞之子入承大統。《翁同龢日記》：上崩，太后召諸臣入，諭云：「此後垂簾如何？」樞臣中有言宗社為重，請擇賢而立，然後懇乞垂簾，諭曰：「文宗無次子，今遭此變，若承嗣，年長者實不願，須幼者乃可教育。現在一語即定，我二人同一心。」則即宣曰某。醇王驚遽敬唯，碰頭痛哭，昏迷伏地，掖之不能起。諸臣承旨後，即下至軍機處擬旨面遞，太后哭而應之。

《實錄》：德宗既嗣位，兩宮皇太后復臨朝垂簾聽政，均照同治初辦理，並諭：「嗣後內外臣工應進安摺，著書三分，於兩宮皇太后及朕前呈遞。其應用清字者，俱用清漢合璧。」

〈本紀〉：光緒十年，懿旨以因循貽誤罷恭親王家居養疾，並盡易軍機大臣。《翁同龢日記》：光緒十年，恭親王同罷軍機。懿旨凡百數言，真洞心怵目矣。十月萬壽，恭親王請祝嘏，傳旨：「恭親王不准隨班晉祝。」又，十八年十一月，例賞恭親王「福」字，諭：「撤下，毋庸賞給。」又，二十年三月，懿旨：「恭親王籲懇祝嘏，現在病未全痊，毋庸進內，以示體恤。」九月，起恭王直內廷，並督辦軍務。十一月，復為軍機大臣。又，二十二年十二月，懿旨：「載瀅之子溥偉著繼與載澂為後，並賞多羅貝勒。」恭邸流涕拜命。按，載澂為恭王長子，早死，尚有次子。今命溥偉為後，例襲王爵，外示優異，實則無異奪其親子世爵也。又，二十四年閏三月，上侍太后臨視恭邸，疾增劇，啜粥已不能收口矣。四月，薨。上嗷然而哭，奉慈駕臨奠。太后大感慟，諭：「恭親王勳德最隆，宜配享太廟。」並賜諡曰忠。《皇室見聞錄》：凡內廷有异出物件，應由敬事房先行照門，如未知照，不得放行。光緒初，有太后賜件未經照門，護軍阻之，太監不服，互毆。奔奏，太后大怒，謂統領岳林應處斬，恭親王曰：「岳林失察，罪止交議，護軍應斥革耳。」太后曰：「否則廷杖。」王曰：「廷杖乃前明虐政，不可效法。」太后怒曰：「汝事事抗我，汝為誰耶？」王曰：「臣是宣宗第六子。」太后曰：「我革了你！」王曰：「革了臣的王爵，革不了臣的皇子。」太后無以應，始如議，然怒極矣。《召南筆記》：慈禧惡恭邸深。慶王代請祝嘏，太后曰：「予聞名且首痛，不許。」及疾甚，太后問：「何食？」曰：「僅啜粥。」遂賜上用粥十數品，命遍試何者合味，再製賜。王嘗數口，已不能下嚥，遂增劇。《翁記》「啜粥不能收口」，蓋意有所指也。

〈本紀〉：光緒十年，罷恭王，諭：「軍機處遇有緊要事件，會同醇親王商辦。」又諭：「會商事件，本為軍機緊要而言，並非尋常諸事概令預聞。」醇親王再辭，諭：「俟皇帝親政，再降懿旨。」始暫時奉命。《后妃傳》：命醇親王參機務，然亦不假以事權也。初，德宗嗣位，醇親王奏懇曲賜矜全，有「為天地容一虛糜爵位之人，為宣宗留一庸鈍無才之子」等語，太后懿旨以「情詞懇摯」許之，仍命內廷行走、照料。五年，復乞疾，始允解職務。尋以廷議俄約，懿旨：「醇親王並預議以聞。」六年，又命醇親王管理神機營事務。十年，諭軍機處遇重要事會同醇親王商榷行之。十一年，命總理海軍事務。十二年，巡閱北洋。十三年，懿旨：「醇親王以親王世襲罔替，朝廷大事仍備顧問。」十四年，吳大澂請敕議尊崇醇親王典禮，懿旨斥之。十六年，醇親王薨，上奉皇太后臨邸視殮，皇太后賜奠。《召南筆記》：醇邸馴謹，不似恭邸之忤太后，然亦不免疑忌。臥疾時，上欲臨視，左右不敢為請。後以御史奏，始奉太后詣視，不能獨晤也。太后問病狀，對以內熱，輒賜冰水，飲後增劇。王患傷寒，不宜寒飲，遂致命也。

《清史綱要》：光緒十二年，醇親王巡閱北洋海口，派總管太監李連英隨往，御史朱一新奏：「恐蹈唐代監軍覆轍，請防宦寺流弊。」懿旨以原奏稱深宮或別有不得已苦衷語，飭明白回奏。奏上，以謬執降主事。

老佛爺

〈本紀〉：光緒十三年，上親政。十五年，皇太后歸政。《后妃傳》：十五年始撤簾，建頤和園為頤養祝釐所，又增葺西苑，常臨幸駐蹕。遇慶典，屢崇進徽號。按，是時以天下養，皆稱曰「老太后」，宮中則稱曰「老佛爺」。

〈本紀〉：光緒十四年，上奉皇太后始幸西苑。十七年，頤和園蕆工，上奉皇太后臨幸自此始。《李鴻藻傳》：太后駐園，德宗間日一往侍起居。言官有言其不便者，太后大怒，欲黜之，鴻藻為解乃止。《翁同龢日記》：光緒十一年，懿旨：「著御前軍機會醇親王踏勘三海應修工程。」又，慶邸囑轉告吾輩諒其苦衷，蓋以昆明易渤海、壽山換灤陽也。按，此指以海軍費修園工。《李文忠全集》與醇邸往返函，有「三海工程急需二十四萬兩，先由海署存款借撥，並息借洋款八十萬，文銛、崇禮、崇厚、文錫、文麟報效三十萬，海緒增潤一百萬，神機營、海署七十萬」；又「派閩、江、海各關按年報效」又「商兩江、兩廣、湖廣、四川四督，湖北、江西各撫報效，可集二百萬之數」等語，似合西苑及頤和園工程而言。實數無考，相傳有三千萬、八千萬之說，皆無考也。又，《翁記》：十四年六月，太后移居儀鑾殿新室。九月，太后幸萬壽山。十一月，合肥以火輪車五進太后。紫光閣鐵路成，試行。十五年三月，太后至頤和園，於龍王堂看水操，蓋水師學堂新教成者。龍王堂在水中央，隔昆明湖，有堤，堤上列炮隊、馬步隊，湖中具小船，船有輪炮，各演陣式，以為美觀也。十八年，萬壽，入祝。散時，賜坐火輪車，以人推挽，由豐澤園出福華門。又賞燈，燈在儀鸞殿太后寢宮也，萬燈照耀，中設電球、前列燈坊，先看福祿壽圖，繼以龍燈，四刻畢。又，十九年四月，皇太后朱筆圈出吳樹棻、陳冕，擬撰頤和園一切扁對，並恭書之。聞陳修撰托人如此。又，排雲殿，太后寢宮，即在殿西室。又，西苑多榆樹。今年榆生蟲，一日，墮太后衣襟，螫手，乃命凡榆盡伐之，於是百餘年之樹無孑遺矣。又，二十二年三月，慈駕至圓明園之含輝樓，閱解馬。解馬者，精捷營馬技也。又，八月，入園，賞戲。夜出，乘舟。御前軍機坐翔雲輪船，停湖心；上侍太后御龍舟，蓮花萬朵，周於四隅，如紅線繫堤上。既而明燈擁一方臺至前，則戲臺也，演戲一劇，隨放花炮，亦極曼衍變幻之觀。戌初二刻散。

《后妃傳》注：初命建頤和園，諭曰：「萬壽山、大報恩、延壽寺為高純皇帝侍奉孝聖憲皇后三次祝嘏之所，清漪園舊名擬改為頤和園，殿宇一切，量加葺治，以備慈輿臨幸。」又諭：「慈駕往來遊豫，所有一切應行事宜著各該衙門預備。」復於昆明湖置捧日、翔雲、恒春小火輪；樂壽堂及西苑瀛秀園分設電燈。

〈本紀〉：皇太后五旬萬壽，上率王以下文武大臣等詣慈寧宮慶賀。《翁同龢日記》：光緒十年太后五旬慶典，長春宮連日演劇，中官擫笛、近侍登場，亦罕事也。有小伶長福者，長春宮近侍也，極儇巧。醫者薛福辰、汪守正來祝，特命賜膳、賜長春宮觀劇，即寧壽宮賞戲也。近支王公、內府諸臣皆與，滿洲命婦多報病，惟福錕、崧申、巴克坦布三人之妻入內，聞終日侍立，進膳時在旁伺候一切。此次典禮所費約六十萬，戲內燈盞等俗名切末已用十一萬，他用知矣。

〈本紀〉：光緒二十年，懿旨：「六旬慶辰，停止頤和園受賀。」先是，以皇太后六旬萬壽，預飭查照乾隆年間歷次慶典籌備，定於頤和園受賀，自園至西華門蹕路所經平治修葺、點設景物，內外各進報效，見於奏報者共銀一百二十萬六千九百兩。旋以中日戰起，諭停慶祝，仍在宮中受賀。

《翁同龢日記》：光緒十九年六月，樞廷會商明年慶典，請准王公、內外大小文武官報效銀兩。九月，懿旨查舊樣造金輦，輦高一丈三尺八九寸，西直門外門洞僅能容，兩邊恐擦及端也。十月，聖壽節，受賀，連演劇七日。皆外班戲，今日四喜部，餘多新班，大約閭巷靡曼之音、淫哇之曲無不雜陳也。又，太后移居寧壽宮在十二月，上以內務府請撥六十萬摺令觀，議駁。次日令發寧壽宮工款。昨被嚴旨，而今邀懿允，且鉅款漫銷無可考，究駭人聽聞。又，二十年八月，懿旨：「停辦點景、經壇、戲臺等事，宮中受賀。」又諭：「一切點景俱暫停辦，俟來年補祝。」十月，慈寧宮受賀，演劇，皇極殿賜宴，上親進舞，各國使臣文華殿觀祝。又記，本朝不設教坊雜伎，其領於內務府者，曰「昇平署」，皆中人也。乾隆時所製法曲，詞臣等撰進，如張得天輩曾秉筆焉。嘉慶時，有蘇揚人投身入內者，往往得厚賞。至道光時，一概屏絕，昇平署遂封禁矣。咸豐季年，中官習戲者頗多，亦嘗傳民間戲班在內供應。同治時，稍稍開禁，至光緒十七、八年而大盛，閭巷歌謳、村社諧笑亦編入曲，而各戲班排日承應，其教曲者支月糧、賞頂帶，戶部有籍可稽者數十人。其始廷臣賞戲無外班，近年則專用外班，內官所演不過吉祥舊樣而已，即如近日，一四喜、一同春，皆外班也。識此以見風氣推移之速。

那拉后

〈本紀〉：光緒二十四年，皇太后復聽政，帝稱疾徵醫。二十五年，以溥儁為穆宗嗣，封皇子。二十六年，義和拳亂，八國聯兵陷京師，上奉皇太后如太原。按，自戊戌政變，時皆稱曰「那拉后」，或直曰「西后」，不免有微詞焉。

〈本紀〉：皇太后復垂簾，於便殿訓政。按，太后自戊戌三次臨朝，與帝同坐，或獨召對，不復垂簾。凡御座，皆后中坐而帝側侍，不問定制。惟大朝仍帝獨御，然以稱疾停年節升殿，大朝亦僅見也。

《后妃傳》：光緒二十四年，帝用康有為言銳意變法，朝政多更置。后倉卒自頤和園還宮，下詔復訓政，以有為密謀劫制誅其黨，凡帝所釐革皆復之，命榮祿轄武毅新建諸軍衛近畿，又移董福祥所部甘軍駐南苑，隱有廢立意。明年，遂以端王載漪之子溥儁為穆宗嗣，號「大阿哥」，中外駭然。二十六年，拳亂起，載漪等主之。攻使館，各國師至。后與帝扶掖出西華門，遂西幸，蹕長安。明年約成，乃還京。

《庚子傳信錄》：七月二十一日，天未明，太后青衣徒步，泣而出，上及后皆單袷隨之，至西華門，乘騾車，從者載漪、溥儁、載勳、載瀾、剛毅等。妃主宮人，皆委之而去。是日，駕出西直門，馬玉昆以兵從。暮至貫市，上及太后不食已一日矣，民或獻麥豆。時天寒，求臥具不得，村婦以布被進。貫市李氏，富商也，從取騾轎以行。二十二日，至岔道，延慶州知州秦奎良進食。二十三日，太后易奎良轎，暮至懷來，縣令吳永供張甚辦。太后方御葛衣，永進衣裘，擢道員。二十四日，上及后皆易轎，駐沙城。自此如太原。九月，至西安，駐蹕。《西狩叢談》：皇太后抵懷來，乘肩輿，其後馱轎四：皇上與倫貝子共一乘，次皇后、次大阿哥、次總管李連英各一乘。太后叫起，問姓名、縣城，忽放聲大哭，謂：「予與皇帝歷行數百里，連日不得飲食，採秫秸杆與皇帝共嚼。昨夜僅得一板凳，與皇帝貼背共坐。今見爾猶不失地方官禮數，難道本朝江山尚獲安全無恙耶？」至太原，以撫署為行宮。一切陳設均乾、嘉年巡幸五臺所備辦，乃皆如新製。太后喜聞外事，每召見，輒令隨意說話。至西安，每召見，太后與皇上同坐一炕，太后在左、皇上在右，皇上不能自發語。宮廷體制外似甚嚴，內並不十分祗肅，內監需索更甚於京。回鑾，至開封，懿旨溥儁撤大阿哥名號。聞溥儁在宮時，一日突拳擊德宗，至仆地不能起，哭訴后前，僅以家法責二十而已。至保定，改乘火車，抵馬家堡。復乘輿，入正陽門。洋兵城上立觀，有脫帽示敬者。太后仰視，似以含笑答之。大駕直進大清門還宮。

老祖宗

〈本紀〉：光緒二十七年，上奉皇太后回鑾，兩宮見各國公使暨其夫人等於養性殿。二十八年，上奉皇太后謁東西陵。二十九年，百宮豫請來年皇太后七旬萬壽報效廉俸。三十年，皇太后萬壽節，上詣排雲殿，進表賀。按，皇太后自回鑾，常駐園，宮中稱曰「老祖宗」，聞傳旨飭用此稱也。

《慈禧外紀》：回鑾後一星期，遂依條約所定接見列強使臣於大殿。太后仍如昔日坐殿上大寶座，皇帝寶座稍低。又接見公使夫人等，太后態度和藹，尤能感人。以後公使夫人等常入宮接見，招待既勤，皆至欣樂。此足見太后聯絡邦交之手段矣。凡西人之進見者，但觀太后儀表之尊嚴、神態之誠懇，自各悅服，莫知其然而然也。按，《慈禧外紀》為英人所撰。又有美畫女《慈禧畫像記》：太后御體長不及五尺，然鞋底厚有六寸，登座後，望之巍然。予思畫者為中國至尊無上慈禧太后之聖容，責任如何重大！壽命留駐宮中，於是為宮中惟一之外人。太后廣額豐頤，髮黑齒白，壽已六十九，如一四十許之美婦。降座觀像，欣喜評論，頗中竅要。每日下朝後，或茶會、或觀劇。愛犬而不喜貓，見則不快。三海、頤和園皆新修，小艇遊湖，有汽舟。太后雖主守舊，而見有新事物亦喜用之。太后深沉多智慮，極機警，興味盎然，善籠絡人心，宮中稱為「老佛爺」。自回鑾後，又稱「老祖宗」。太監頗有權勢，李連英侍太后最久，又有蘇太監，職位相並。聞太后用人，常擇二人最反對者使之並立，每議事，亦許各陳所見而折衷之，太后自信為用人最善之術也。太后善書畫，亦善繡，衣服、首飾日新月異，無一從同，人之富於美的性者，未見有過於太后者也。秋節後，太后設園遊會，柬請公使及夫人等，第一日男賓、第二日女賓。女賓覲見，德菱女士通譯姓名。太后富於記憶力，見一面即久識，不待唱名。又傳歐洲馬戲進宮演藝，太后注意犬戲，皇帝則注意於馬及騎車諸技。太后坐至演畢始起。又，近見太后焦灼不寧，長歎揮淚，意必有難事。後始知滿洲俄軍撤兵衍期，交涉甚棘也。太后萬壽，皇帝固請慶祝，並上尊號，每上尊號二字，例應年增二十四萬兩，太后尊號已有十六字矣。大內諸皇族及諸大員眷屬入宮最勤者為慶王福晉及其格格、老醇王側福晉及醇王福晉等，榮祿夫人亦常進宮，其女即醇王福晉，脫能生男，將來或即入繼光緒之大統。按，其言果驗。可見外人測事之密也。又，中國餽賜之禮最為重視。各使夫人等入見者，太后必予以貴重禮物，開園遊會時亦如之。每逢令節，常有贈貽。其駐使遇有移調，則必贈以贐禮。予在大內久，亦得后贈不少，至稱榮幸焉。太后入宮，傳者多誤。咸豐二年六月，選立妃嬪，太后選入常在之列，後生皇子，即同治帝，故得先帝寵。按，太后初選常在，足補官書之闕。此所記詳述年月，必聞之近侍，當可信也。

太皇太后

〈本紀〉：光緒三十四年，德宗崩。詔攝政王載灃子入承大統，為嗣皇帝。慈禧皇太后懿旨命嗣皇帝入嗣穆宗，兼承大行皇帝之祧。尊聖祖母慈禧皇太后為太皇太后，兼祧母后為皇太后。先是太皇太后並亦違豫。是日，崩。

《后妃傳》：德宗崩，后夜出書，以醇親王載灃之子嗣穆宗，兼祧大行皇帝。授載灃攝政王。是夕，病劇，明日崩。遺誥曰：「予以薄德，祇承文宗冊命，備位宮闈。穆宗幼沖，與孝貞顯皇后同心撫訓，削平大難。穆宗即世，大行入嗣，不得不再允訓政。前年宣布預備立憲，今年頒示立憲年限。萬幾待理，心力俱殫。夏秋以後，時有不適。復遭大行皇帝之喪，悲不自克，遂至彌留。回念五十年來，憂患迭經，兢業之心無時或釋。攝政王及內外諸臣，其協心翊贊，固我邦基。嗣皇帝尤宜以國事為重，有厚望焉。」后臨制凡四十七年，壽七十有四。

《慈禧外紀》：太后、皇帝皆病，不能御殿。帝病沉時，請太后選一嗣子，太后即召見諸大臣於儀鑾殿，雖體已不支，然太后強毅之性，勉自鎮定，說話仍如往日，聲音宏亮，其堅果不改常度，見者皆驚。遂定立醇王之子，即封醇王為監國攝政王。帝崩，太后病亦愈重，命草遺詔，猶改定數句。彌留時，既昏，忽又清醒，最後一言乃出人意外，其言曰：「以後勿再使婦人預聞國政。」語畢遂瞑。

穆宗后妃

穆宗后妃五人：孝哲毅皇后，阿魯特氏；慧妃，富察氏；瑜嬪，赫舍里氏；珣嬪，阿魯持氏；瑨嬪，西林覺羅氏。

孝哲毅皇后

孝哲毅皇后，阿魯特氏，尚書崇綺女。同治十一年冊立為后。十三年，穆宗崩，封號嘉順皇后。明年，崩於儲秀宮，謚曰孝哲毅皇后。御史潘敦儼陳請更定謚號，謂：「后之崩在穆宗升遐百日內，道路傳聞，或稱悲痛致疢，或云絕粒傷生。以母儀之德而有首陽之風，奇節不彰，何以表德？」太后斥其言謬妄，罪之，後謚如故。按，世傳帝崩，后以受太后責言，誓以身殉。其父崇綺進藥，乃崩。考后崩時，崇綺方派赴喀爾喀車臣汗賜奠，特諭傳知即行回京。傳說不足信也。

《清史綱要》：穆宗崩，封皇后為嘉順皇后。后為尚書崇綺女，端莊謹默，動必以禮，不得寵於太后。太后以穆宗崩，訓責備至。后本已慟極，誓以身殉，不復食，遂崩。距穆宗之崩未百日也。

《清朝全史》：同治帝雖西太后所生，而對於東太后孺慕尤深。帝大婚前，東太后意在崇綺之女，西太后意在鳳秀之女，遂命帝自決。帝乃擇東太后所擬定者為后，西太后因之不懌。傳聞大婚之夕，皇后應對頗稱旨，帝命后背誦唐詩，無一字誤，益垂寵愛。然帝之欣幸，即西太后之缺望也，乃誡帝曰：「鳳秀之女屈為慧妃，宜加眷遇。皇后年少，不嫻宮中禮節，宜使學習，勿常往后宮，致妨其學習。」帝自被嚴諭，遂不入后宮，亦不幸慧妃，獨居抑鬱，常好微行，得疾而崩，皇后亦自盡以殉。論者皆歸責於西太后也。按，「大婚之夕」云云，據《越縵堂日記》。雖不盡可信，要無傷於大雅，故仍之。

瑜妃珣妃瑨嬪

瑜妃，赫舍里氏，知府崇齡女；珣妃，阿魯特氏，副都統賽尚阿女。同治十一年，同封嬪，進為妃，封貴妃。瑨嬪，西林覺羅氏，始封貴人，進為嬪，封為妃，復封貴妃。《后妃傳》：遜國後，瑜妃尊為敬懿皇貴妃，珣妃尊為莊和皇貴妃，瑨嬪尊為榮惠皇貴妃。

德宗后妃

德宗妃后三人：孝定景皇后，葉赫納喇氏；瑾妃、珍妃，並他他拉氏。

隆裕太后

孝定景皇后，葉赫納喇氏，都統桂祥女，孝欽后之姪女也，光緒十四年懿旨立為后。德宗崩，尊為皇太后，號隆裕。宣統三年，武昌事起，用袁世凱為內閣總理與民軍會議，決定共和，遂下詔遜位。又一年，崩。《隆裕皇太后事略》：遜位後，太后訓養皇帝、整飭宮闈，憂勤交迫，寖以不豫。癸丑正月十六日，病勢驟增。十七日丑刻，升遐。上謚曰孝定景皇后，與德宗同葬崇陵。

瑾妃珍妃

瑾妃、珍妃，他他拉氏，姊妹也，侍郎長敘女。光緒十五年同封為妃，珍妃有寵於帝。二十年，慈禧太后懿旨，以屢有乞請，與瑾妃同降為貴人。二十一年，同復位號。二十六年，太后西狩，珍妃死於井。次年，懿旨以上年倉猝不及扈從，殉難宮內，追贈珍貴妃。

《文廷式傳》：始瑾妃、珍妃幼時，隨父任居廣州，從廷式受學。甲午，大考翰詹，上親擢廷式第一，由編修遷侍讀學士，二妃力也。後以被劾削職。康有為戊戌入都，過上海，得廷式密札數通，交通宮禁，事覺名捕。《瑾妃傳》：遜國後，尊為端康皇貴妃。

宣統后妃

宣統后妃二人：皇后，郭博羅氏，吉林將軍長順之孫女、總管內務府大臣榮源之女；淑妃，額爾德特氏，尚書錫珍之弟、錫璋之孫、知府端錦之女。

按，宣統大婚及后妃事略，別詳《宣統外紀》。

光宣小記

自敘

辛未秋，東事起。余孑身至津，閉戶養疴，不問世事。謠諑頗多，是是非非，皆置不辯。惟書畫舊藏、殘稿零札未及攜帶，長日無聊，殊難遣悶。偶返故都，檢舊篋，得昔年日記數冊，皆光、宣間所筆記，遂擇有關朝章國故者撮錄成編，題曰《光宣小記》。余自甲辰春始北上應試，至辛亥冬避地大連，故所記以甲、辛數年為斷，後別有記。今津樓臥室方不及丈，局促如囚，嘗自書小聯懸諸壁，集句曰：「自作孽，不可活；身將隱，焉用文。」深夜幽思，耿耿不寐，乃復草此記事與世相見，徒召笑罵，其終亦不免於自文歟！

癸酉秋一息老人金梁

大清

歷代國號各有取義，如漢因高祖初封漢王，魏則魏王，晉則晉王，各朝大抵皆然。惟「大清」二字，論者多以為疑，而不知清與金為一音之轉。清本女真，國姓愛新，愛新譯音、譯義皆為金，故清初國號曰「大金」，亦曰「後金」，後以宋、金世仇，或多疑慮，太宗崇德元年遂改國號曰「大清」。

字面雖易，在滿音原無異也。此時蓋已決入定中原之策矣。至初稱「滿洲」，實滿朱、滿住一音之轉，為滿音尊稱，在滿文音、義皆同，後始用為國號及地名也。由此推之，蒙古譯義為銀，國號曰「元」，元、銀雙聲，亦一音之轉也。而女真與愛新為音轉，更不待言矣。又愛新覺羅，《滿洲實錄》有注曰：「愛新，姓也；覺羅，氏也。」故宗室覺羅有親疏之別。今宗室或以金為姓，覺羅或以趙為姓，皆音轉也。

北京城

光緒甲辰，余應試赴北京。北京建都實始於遼，曰燕京，而金拓大之，皆在今城西南。元移東北，建大都，又在今城稍北。至明初，改大都為北平。永樂定都，始名北京，修城垣、建宮殿，為今內城；嘉靖年築外城，為今南城，是為今京城之始。清承明舊，內分八旗、外分五城，後設巡警，分五廳二十區，而九門提督、五城御史兼轄如故。時已行新政，東城一帶正仿使館界修馬路，而西城仍土道高甬、塵土飛揚。一城相隔，恍同異域。余偶登前門，東望東交民巷，如入歐美新邦；西望西交民巷，如見元、明舊制，誠首都之奇觀也。

皇宮

皇宮亦承明舊，惟易宮殿題名。相傳元初有洪武殿，而明太祖紀年曰洪武，明初有奉天殿及奉天門，而清起於奉天，與崇文、宣武並成讖語，亦異聞也。又傳大清門額即用大明門舊石反刻，故有「大明翻身」之謠。自大清門歷三大殿而乾清宮至神武門皆舊制，無改作，東西各宮殿偶有增飾，亦仍故觀，蓋宮廷以節儉示天下，歷朝相戒，毋得大興土木也。

正陽門

正陽門即前門，庚子被焚，重修方竣工。倚城舊有荷包巷，市廛林立，遺跡無存，而東西二車站方新成立。前門洞闢四門，南常閉，專備車駕，惟北及東、西任出入。石路崎嶇，輿馬輻輳，常有翻車、插車之苦。余後管工巡，修平道路，始定東出西入之規，眾皆便之。

禁城

禁城稱紫禁城，南自大清門，北至神武門，東自東華門，西至西華門，凡車馬閒人皆禁阻不得行。余偶謁二客，一東居南池子、一西居南長街，相距咫尺，必繞道始達。余初至京，不知也。晨起，乘車入宣武門，長驅抵西安門，沿城北走，過後門，折而南，依景山西，始經北長街而至南長街，已逾午矣。倦思少憩，叩客門，閽者辭以「進裡面」，「進裡面」者，謂已入內廷當差也。遂復驅車，仍北繞景山而東，再越後門，經北池子而至南池子，客又上衙門矣。「上衙門」者，謂入署治事也。乃強起，北過東安門，經東長安街，南出前門而歸旅館，已近晡時矣。終日繞行數十里，不得食息，實不勝其勞。尤可笑者，過長街時，忽有眾閹追車指詈，必迫御者下謝然後止。問之，則此地為閹寺雜居，言語習俗故多禁忌，御者偶不慎，觸彼怒，遂群起與之為難也。

前門大街

前門大街為京市最繁盛處，鋪面裝飾金碧交輝，顧客購物，問答迎送，和顏悅色，務使來者滿意，其禮貌為外省所無。街西為大柵欄，道路甚窄，尤稱熱鬧。大觀樓、賓宴樓兼售煙茶，以新式自鳴，為回商穆子光創設。穆熱心公益事，常在茶座講演，為京中有演說之始。時洋車已通行，馬車僅使館有數輛，眾仍用騾車。惟孫文正公（家鼐）自製一車，左右闢門，可跨入垂足端坐。余皆自前入箱，須盤膝也。人皆垂辮，偶有剪髮者，眾多目笑存之。京中舊商重信義，不爭近利。皮局掌櫃于子亨與余交最久，或值窘乏，於輒自假銀以周急。偶託以事，視人如己，必盡其心力。今去世已久矣。

琉璃廠

琉璃廠為都城文物所聚，餘下車即往遊。各商店方備考具，筆則賀蓮青，墨則一得閣，而紙必懿文齋。以試卷向由松竹齋承辦，已改歸懿文也。書籍則「二文」，曰文友、文德；字畫則「二古」，曰茹古、悅古。余見《陶淵明集》，汲古閣復宋本；《杜工部集》，宋刻殘本，各以十金得之。又購湯貞湣、戴文節山水扇面，僅各二金。又見吳漁山、王石谷山水中堂，問其值，皆索百金。惟御筆獨昂，康、乾小條，各須五十金，尚非精品也。尤難得者，傅青主父子批校《漢書》，青主朱筆行草，其子眉則恭楷細注，凡志、傳皆遍，乃至諸表，亦一字無遺，足見古人讀書之勤。余傾囊購之，眾皆笑為書癡也。書鋪大者實多在隆福寺街，有文奎、帶經二堂，為王氏兄弟分設。文奎之王以信義為人重，人稱「老王」，士大夫多與往還，闤闠中之君子也。

會試

癸、甲二科會試均借汴闈，因順天以庚子拳禍，勒停考試也。故余等均至河南，照章入闈，仍分三場，惟已改八股文為策論耳。是科正、副總裁為裕文慎公（德）、陸文端公（潤庠）、張文達公（伯熙）、戴文誠公（鴻慈），而陳制軍（夔龍）、熙侍郎（瑛）為監試。辦考員司均由京部派往，試事一切雖照舊制，不免因陋就簡，貢院局勢亦不如京闈之宏也。北京貢院已毀於拳亂，舊有「至公堂」扁額，傳為嚴嵩手筆，亦入外國博物院；而「聚奎堂」題額乾隆御筆墨本後為余所得，不知何以流散人間也。

拜老師

考試諭禁師生之稱，然習俗相沿，卒不能止。正、副總裁稱「座師」、同考官稱「房師」，皆應分謁，謂之拜老師。具受業帖，親至門，各送贄敬。以四金為率，願從豐者，各隨其意。別備門敬，視贄敬十之二。約時進見，行三叩禮，師皆答。各宅皆備有履歷簿，門生親自繕登，必恭楷。古有門生籍，此其遺制歟？此後三節、兩壽，皆須賀祝，各送賀祝敬如初謁時，而金可酌減。三節者，年節、端午、中秋；兩壽者，老師、師母生日也。

李姚琴師

李姚琴師（稷勳）為房師，余卷實由師力薦。師初得余卷，頗加獎許，稱曰「通儒」，薦諸戴文誠公。公以文可而字否，置不錄。李師乃約同考數人分見裕、陸、張三總裁，轉達戴必取而後已，始得中。回京後復逢人說項，到處揄揚，故余初至都，知名者已多，又以戊己間曾上萬言書，皆欲先得一見，如肅邸及當軸諸公多屬人致意，余皆答以試畢再謁，不敢冒昧也。

裕文慎公

裕文慎公（德）以大學士為大總裁。余往謁，頗蒙優禮，並誡以勿躁進，略謂：「旗人入翰苑者逾十年即可望大拜，君年未三十，當先自立名，願以功業顯，勿以資格進」云云。並索字樣。字樣者，先錄策首數行，殿試彌封，借此對筆索卷，可以暗識而列前，亦近關節，非正道也。余辭謝不送，公頗稱之。

陸文端公

陸文端公（潤庠）為副總裁，謙和下士，告余以待人接物之道，並笑謂：「曩見君萬言書，以和兩宮、和二黨、和四國為主，而卒請殺某某以謝天下。既言和而復言殺，毋乃不切乎？以忠直沽名，非盛世事。直道而行，難乎免於今之世。」凡訓示反覆數十言，皆切中余病，不知公何以知之之深也？余聞而悚然。

張文達公

張文達公（百熙）亦副總裁，時為管學大臣，謂：「久知君。京師人才所萃，來者皆志在得官。君當以求學問為先，官豈可求？惟學問必求而始得耳。」又謂：「閱君卷，知新、舊學皆有根底，尤具遠識，救時宰相，非異人任」云云。余於座上識李亦元（希聖），公頗重之，謂：「二人學識相近，可常周旋。」余與亦元訂交，公之教也。

戴文誠公

戴文誠公（鴻慈）亦副總裁，以余字劣，見即囑以速習楷書，並示用筆試墨之法，屬望殷殷。而李姚琴師則謂：「君字必不能合格。對策當據事直陳，痛哭流涕。予亦不善書，而戊戌殿試列二甲第一，亦以策對直言，不拘格式，獨邀特知耳。今以衣鉢傳君矣。」而余負諸師，終不能取上第，亦可愧也。

會同年

同年至京，互相訪見，定期行團拜故事。團拜者，眾環立而互拜也。是歲，約集湖廣會館，並宴座師、房師，醵飲、演劇，為衣冠盛會。章一山（梫）、馮令之（巽占）、景子中（潤）、陳詒重（毅）、劉厚之（敦謹）、關穎人（賡麟）、何鬯威（震）、朱聘三（汝珍）、商藻亭（衍鎏）諸同年皆於此訂交，譚組庵（延闓）、黃遠生（為基）、陸亮臣（光熙）諸同年亦談論頗洽。余尤推重一山先生。一山為俞曲園高弟弟子，專經學，早得名，尤敦品，與世無爭，汲引後進如不及，同輩或有意見，常得一言以解，余常稱為有相度，非阿好也，令之狷介少許可獨厚余。子中溫厚長者，待余若弟兄。詒重精核有心計。鬯威好學不倦，惜早逝。遠生年最少，廷試策故違式，不願得翰苑而樂就令宰，其識量與眾迥異，後竟慘死海外。亮臣豪傑之士，獨請學兵，卒殉其父，並傳忠孝。其廷試策後為余所得，中有誤字，當日原可挖改，亮臣曰：「詎可欺君？」志節皭然，於此可見，足為同榜之光。今此卷猶寶藏余處也。又王揖唐、陳重遠諸同年皆卓卓能自樹立，而高雲麓（振霄）超然滬上，鬻書畫以自給，尤可敬已。

殿試

廷試在保和殿，故亦曰殿試。先復試，稱貢士；次殿試，賜進士；次朝考，始授職。凡點名給卷，名次單數者由殿左門入，雙數者由右門入。余不明故事，左右誤走，適遇雨，冠服盡濕。又欽命題下，應跪受，亦傳旨因雨免行禮。初，殿試均在簷下撰書，乾隆朝以風雨苦寒，始加恩准入殿，遂沿為例。殿几矮小，不能伏寫，皆各自攜考具而進。衣冠負重，行乎泥中，頗礙觀瞻，亦可笑也。

候試

北京分內外城，道路較遠，試者多寓城南，試前一夕皆借宿內城，以免遲誤。余假方略館候試，矮屋長坑久廢不用，舊有公役稱蘇拉，略掃除，供膳宿。夜聞傳呼聲遠相應，問之，蘇拉曰：「此報更也。」即唱籌報曉之遺，所呼為滿文數目音，自一至五，以次遞傳，終宵不絕。又宮內舊無路燈，後以大雨有迷淹者，始增設，百步一燈，然有名無實，謂司者偷油，故不明也。又宮道絕少樹木，問之，曰：「因嘉慶年林清之變，傳諭伐樹，遂不復植也。」又曰：「宮內地磚皆七層疊鋪，故永不殘壞，而內外水準如一，遇雨積水，深淺皆同，趨差者咸以為苦。」又宮內多狐、蝟、蛇、蟾、蝙蝠等物，稱「五聖」，宮女、內監常私祀之，戒不得犯，與外間俗同也。三試三宿，賞以五金，稱謝不置。

送考

廷試聽點，鄉友多至殿門送考。朝考日，余方與眾立談，見汪伯唐先生（大燮）送汪穰卿同年（康年）入。伯唐與余向未識面，問余名，穰卿曰：「予昔識金君於廣坐，爾亦試覓之稠人中。」伯唐四顧及余，趨前曰：「昂昂千里，卓立不群，其此君耶？」眾皆引以為異，穰卿曰：「此君自有異人處，不難識也。昔訪君西湖，君方品茗三雅園，坐客已滿，予覺君小異，執手問訊如故交。及君至海上，予集友宴之，數十人皆一時知名士，文芸閣（廷式）後至，予亦囑覓諸坐上，芸閣一顧即得。吳彥復、歐陽石芝繼至，亦然。金君不凡，故易識也。」時聞者皆傳為美談。憶昔唐佛塵（才常）、沈愚溪（藎）至杭見訪，余侍父立柳堤，唐君一見即呼曰：「金君是耶？」亦對異。客去，父曰：「唐君顧盼非常，必立功名，恐遭非命一沈亦似不能免。」後庚子起義，唐君果於漢口被害。時餘下榻滬上唐寓，得報大慟。未幾，沈君亦杖死北京，果皆驗。

聽宣

殿試後，傳臚放榜。時兩宮駐蹕南海，群集西苑門聽宣。其前十卷進呈者已微有消息。辰初，入苑門排班，遙望曲橋，眾擁宣旨官至。引三鼎甲伏候，跪謝恩。禮畢，即散以在苑囿，不復上殿傳臚也。

讀卷閱卷大臣

殿試派讀卷大臣八人，復試及朝考各派閱卷大臣八人，傳閱試卷、排定甲乙，以前十卷進呈。聞是科初以朱汝珍卷列第一，及發下，則第一為劉春霖，而朱卷第二，余卷亦有更動，謂由欽定。實則卷上或隨手翻閱，次序微亂，發下時即據以為定，不得擅易，一甲、二甲，出入在此頃刻間也。

王文勤公

王文勤公（文韶）為讀卷大臣，亦稱老師。余往謁頗獎勉，稱為奇才，其後保送御史及外務部，皆出公意。時為大軍機，每晨人直，輿前導以大燈，繪一「王」字甚巨，一覽皆知。或以黨人方謀炸刺貴要為言，勸去燈字，公曰：「予和平處世，眾莫與仇，正懼誤傷，故特顯著姓字以示人耳。」亦趣言也。

榮文恪公

榮文恪公（慶）為讀卷師，直軍機。余往謁，門者數約時日，而又數阻之，余怒斥，大聲達內，始請入見，遂未及登履歷冊。時與張文達同管學務，頗傳有意見，余勸以和衷，公不能納。後李柳溪師為學部侍郎，以余名請調部，久不發，有問榮公子者，則謂因門生籍中未見其名也。蓋仍以昔日怒斥門者為忤耳。

徐東海

徐東海（世昌）亦閱卷師。謁之，局度頗宏達，論朝局多自負語。亦蒙相引重，巡警部初立，即調用。後隨至東三省，為籌八旗生計，興學校、建工廠、創屯田、設農官，皆使得行其意。及還朝，猶以手書相慰勉。入直軍機時，余曾說以救時大計，師慨然曰：「假以時日，必可得當。」而不意政局屢變，大亂已在眼前矣。

張侍郎

張侍郎（仁黼）亦閱卷師，創辦豫學堂。章一山介余為規劃，始進謁。樸實如老儒，所言皆修身立己之要。時貳兵部，因杭旗裁餉事，請挽回，恤兵艱，師慨允設法，為總部務者所阻。後轉副都御史，以母病假歸，遂請終養。太夫人旋病歿，壽已九十矣。未百日，師哀毀遽卒。孝哉！

孫文正公

孫文正公（家鼐），李姚琴師出其門下，帶見太老師，遂以小門生禮進謁。望之儼然，即之也溫，聽其言也厲。公正色立朝，遇事持大體，戊戌政變、己亥立嗣，皆造膝密諫，而外間不知。有責以大義者，公唯唯而已，不愧大臣。初見，默對久無言，徐徐始詢家世言行甚詳，終乃勉以事君報國之道，無一語及私也。

引見

朝考後，引見授職。時兩宮方幸頤和園，眾集園門，由閣部帶領，分班引見，每二十人為一排，左右各一部員押班，入伏殿陛下，各自報名。畢，起，魚貫出。旨下，各賜出身，並分授翰林部屬中書及知縣等職。聞皆先由樞部擬定，開單呈覽，朱筆圈定，絕少更動，不似前朝之概候欽點，無定次也。

宮門抄

《宮門抄》，日出片紙，凡兩宮起居、召見、引見、上諭、廷寄、各署值日、奏事、請假，莫不備載。每晨必發，風雨無阻，雖字跡模糊不免舛誤，而朝罷付印，俄頃之間，五城皆達，亦難能也。聞字皆泥板，隨刻隨印，故至速。各省有《轅門抄》，大致亦同。

朝報

《朝報》與《宮門抄》略同，增以奏摺，凡發抄者皆載。日常十數頁，加黃紙面，成小本，不待午即發。時促字多，尤為不易，而終歲無誤。原稿例由內閣抄發，員書數十人，候奏事摺下，迅繕歸檔，別備一分付報房。亦係泥印，時有用聚珍木字者，反不如舊法之捷。其後改《內閣官報》，專官設局，本日諭奏常待隔日始得見，亦不如舊報之速也。

搢紳

《搢紳錄》詳載京外大小官員銜名籍貫，分四季印發，隨時填改。文職由吏部抄發，武職由兵部抄發。歸榮祿堂書鋪印售，實與部吏勾合營利，眾取其便，皆爭購之，故銷行甚廣。時又有榮錄堂，亦影射爭利。未幾，改為《職員錄》，由官發行。而舊《搢紳》備考掌故，與古籍同珍，書肆常索直至數金、數十金也。

報館

時《北京日報》方新刊，銷行未廣。眾皆閱天津《大公報》，為吾友英斂之（華）創設，余亦曾參筆政，風行一時者也。斂之北方學者，質直好義，有卓識，主持公論，為中外所重。與余交最深，久而敬之，數十年如一日。余之識斂之，則馬相伯先生（良）所介紹，猶在庚子前也。余初至京，斂之為介數友，以報界中人為多：「朱季鍼，即辦《北京日報》者；杭辛齋、彭翼仲，辦《白話報》；張展雲，辦《女學報》；廉南湖（泉），設開明書局，多與報界往還。余戊、己上書，幾遭不測，南湖夫婦頗為奔走，斂之告余始知之，至可感也。又汪穰卿同年創一《京報》，以大幅裁疊成小頁，便車行瀏覽，頗特別，消息亦頗靈捷，後以瞿大軍機被劾「暗通報館，陰結外援」，遂飭封閉，即指此報。實同列借題陷之也。

工藝局

工藝局在玻璃廠甸內，為黃慎之殿撰（思永）創辦，專造景泰藍各器，頗精美，馳名中外，時稱提倡工業者必首黃狀元，而張季直（謇）名猶未顯。迨數年後，張興業於南通，有聲有色，而黃乃無聲無臭以歿，今言實業者幾不知其人，亦有幸有不幸也。黃子慧中，號秀伯，亦擅才名。今工藝局早廢矣。

進士館

進士館在太僕寺街，凡進士內用者皆須入館肄業，仕學館亦附設於後，故人數頗多。癸卯、甲辰兩科同年朝夕聚處，常笑談為樂。余自額其宿舍曰「斗室」，出入最盛，各為品題，若者宰輔、若者督撫、若者卿貳、若者監司，同人常笑指余室曰：「入斗室，如入小朝廷，百官公卿，人才無不備也。」湯同年（化龍）厚重不輕言笑，一日謂余曰：「君日指目同輩，而未聞自置何等，殆將以帝制自娛耶？」譚組庵則曰：「君霸才，當王海外耳，非中國所能容。」余笑斥之曰：「殆排滿耶？」後組庵五十徵詩，方執黨國政，余有句曰：「吾自著書君治國，百年再看孰功多。」覆函猶引同館時語為笑也。徐季龍同年（謙）在館勤學課，嘗以教學事陳意見，管學榮文恪斥為越職，謂將參劾，徐乃自請出洋。遂定畢業遊學之令，全館皆赴日本，余獨未行。赴日者期年即歸，各有升遷，甚優也。葉玉虎（恭綽）、李道衡（文權）諸君皆仕學館員，亦稱同學。兩館皆停，後改法政學堂，其舊址也。

批本處

內廷批本處在懋勤殿之右，舊司題本，自改題為奏，已無事可辦，閣院兼差特以內廷行走為榮銜而已。余奉派批本處行走，例須至軍機處謁見王大臣，定制非直軍機者不得入，率見於簷下。王文勤患重聽，余乃高聲答問。出遇一人，謂大聲徹屋，非禮，如在嘉、道以前，當得參處矣。余亟惶恐而退，竟未及問此何人也。

懋勤殿

懋勤殿在乾清宮西廊下，舊為內廷待直之所，謂康熙嘗讀書於此。詞臣供奉，稱懋勤殿行走。批本處與之相連，余時至其間。相傳戊戌年議開懋勤殿聽政，未及行而政變作。聞內監謂：「四章京參預新政，帝下朝後嘗蒞此召對。」內存圖書字畫頗多，謂歷朝所積，非近時物。批本處所存多舊檔，謂係紅本，均未敢擅啟視也。

奏事處

內奏事處在批本處南，由內監管理，內外摺奏皆歸收發。時太后訓政，寅初始達內殿，后起乃進覽。帝入請安，侍立，太后偶亦指一二事示帝，非指示不得徑翻閱也。閱畢交軍機，而兩宮徐出臨朝，召見臣工，先外起而後軍機，軍機王大臣於此頃刻間互速傳閱，略擬辦法，以備顧問。倉卒常不及盡覽，敷衍應對，國事如兒戲也。奏事處南屋相傳為魏忠賢直房，或謂即今敬事房也。

軍機處

軍機處在隆宗門內，北屋兩間，既窄且暗，四圍皆炕，為軍機大臣坐處。軍機大臣無定額，至少四人：一領袖為當家，一須熟朝章者備顧問，一嫻文筆者專撰擬，一年較壯而歷練者供奔走。時慶親王領軍機，醇親王副之，合已六人，坐皆滿矣。軍機章京在南屋，亦無定額。列朝勤政事，軍機僅事承宣，久無實權，惟恭忠親王議政時略可專斷，卒為慈禧太后所罷斥。故近人論軍機，嘗以「權」、「位」、「勢」、「利」四字評之，謂恭王初議政，可稱有權；迨罷後復起及禮王入直，僅保位而已；榮祿善於迎勢而不能阻拳亂，足見其難；至慶王惟知為利，愈趨愈下，更無論矣。軍機處相連為內務府辦事處，余後為內務府大臣時已連而為一，而屋內如故，咸豐御書「同寅協恭」額猶存也。

軍機轎班

京中常見有乘坐四人大轎者，亦有定制，惟王公大臣始得乘坐，余不敢僭也。有以轎班喻軍機者，頗足發笑。前記軍機大臣至少四人，召見時，跪次有定，首為當家者，專奏對，眾謂之「軍機面」，謂其獨得面子也，則以喻轎班前一人，曰「揚眉吐氣」；次為備顧問者，非指問不可越對，謂之「軍機嘴」，則以喻轎前第二人，曰「不敢放屁」；再次為執筆者，專撰述而不得問意旨，謂之「軍機手」，則以喻轎後一人，曰「昏天黑地」；末為供奔走者，謂之「軍機腿」，則以喻轎後末一人，曰「趨炎附勢」，可謂刻畫入微矣。又京城地大而路遠，轎班行數里，常待易人，故每轎必備二班，輪流替換，而軍機章京亦分班輪直，則亦以之為喻，一曰「走肉行屍」，一曰「醉生夢死」，謔而近於虐矣。

政務處

政務處改會議政務處，余派為委員，司章奏，凡內外奏陳新政事宜均交處議。每逢會議，各王大臣有兼政務大臣者均到。時慶親王為領袖，議時各不敢多言，偶發數語，率視慶王意旨而定，常無決議，惟由主稿者揣摩附會，擬稿奏覆；及送各大臣畫閱，此是彼否，輒又囑主稿者竄改，常有參差矛盾之處。余建議凡有交件，分類提議，並先由處簽擬辦法附繕於後以待採擇，庶提綱挈領，事有歸束。而總其事者不以為然，則曰：「旨交王大臣會議，豈處員所敢擅擬耶！」於是政務會議如虛設矣。余亦不常到處。初，政務處附設內閣，就大堂聯長案為議席，後改於傳心殿直房，而兩宮幸園時則嘗假朗潤、承澤各園會議，為從直諸臣之便也。

廢科舉

乙巳年，政務處議准廢科舉，始命停止鄉會試及各省歲科考試，由袁世凱、端方及張之洞等各疆臣所奏請也。中國久行科舉，清承明制，以八股文取士。康熙年曾改策論，未幾仍復舊。至光緒辛丑，命自明年為始，鄉會試等均試策論，不准再用八股文程式，壬寅、癸卯、甲辰三科均行新制。至是命停考試，科舉遂廢。余乙未入學，壬寅中舉，甲辰成進士，可稱八股秀才、策論舉人、末科進士，此亦科舉叢話也。先是，久傳議停科舉，王文勤公力持不可，及公罷軍機未逾月而袁、端連合各強臣奏上邀准，人皆訝之。新定學堂選舉鼓勵章程，凡由學堂畢業考取合格者，給予舉人、進士等名目，又考試出洋學生亦賞進士、舉人出身，雖仍沿其名，已非復科舉之舊矣。

大學堂

大學堂在後門內，舊為公主府，乾隆時和嘉公主賜第也。內城不得建樓，惟府內有樓，可與宮闈相望。改大學後，藏書於此，稱藏書樓。時李柳溪師為監督，約余任提調事，改學制、整堂規，並開運動會。中國之有運動會，實自此始。京中各學堂均蒞會，各國賓使亦偕至參觀，學生均易校服如軍衣，而余等仍舊衣冠，翎頂袍褂，周旋其間，已覺不類；尤可笑者，職員賽跑，余亦加入，衣冠奔走，真可入《笑林廣記》矣。會後餘興，復演電影，亦為北京有電影之始。而端宅電機炸裂一案，尚在其後。又事竣宴謝外賓，在六國飯店，歐客醉飽，輒起跳舞，又為京中有跳舞之始。運動、跳舞及電影，在今日為最摩登事，而當時皆發端自我，豈非笑談？

大學師生

古重師生，自改學制，無復師生之禮。大學初立，諸生尚循謹，尊教職員為先生；而自稱學生，其署「受業」者，不多見也。李柳溪師為監督，頗整飭，事必躬親。初，日本總教習服部宇之吉時預課外事，漸亦就範，與士大夫往還，常研究中文，著有《大學講義》，後學部為奏獎，賜進士，實為異數。其國亦推為博士，稱通漢學。林琴南（紓）以未主國學為憾，余請延之教國文。陳介石（黼宸）初授史學，管學者以議論激烈辭之，余亦請復續編歷史講義。江翊雲、陳蘭生、江亢虎諸君初自海外歸，皆為教習。而學生則吳景濂、梁鴻志等，頗露頭角。大學原分本科、師範為二，先後畢業，曾同聚話別，琴南為繪圖，而同人皆有題詠，裝為巨冊，一時稱盛，不知今尚存否？

景山

景山俗稱「煤山」，大學堂在其東。時景山官學改小學，余等往觀，遂登山。有樹半枯，傳為明崇禎帝自縊處。山前為綺望樓，山後為壽皇殿，南向，如太廟制，恭奉列代御容，歲時瞻謁，每至重陽則請出抖晾，乃後竟有散失者。余見《康熙南巡圖卷》，高三尺、長至十丈，所繪為回鑾，自永定門至大內，宮殿鑾駕、街市人物，如前門大街珠寶市、荷包巷均全，制度風俗皆可考見，中繪聖祖御容，見者肅然。盡出名筆，而補景則為王石谷，嘆觀止矣！又有《雍正御容賜茶圖》，繪蒙古王公歲朝賜飲奶茶典禮，跪伏八百餘人，面各不同，衣冠尤盛，必出郎世寧手筆。皆壽皇殿舊藏也。又同時流出者尚有《祀天圖》，繪天壇祀天大典，中有乾隆御容，尤為莊嚴，聞已以萬金歸之美人矣。

太廟

太廟在午門東，清初始建立，而尊稱盛京太廟為「四祖廟」。奉列祖列宗暨各後神位，並供玉冊、玉寶。正南門外有橋臨御河。後臨荷池，樹木茂密，百鳥爭鳴。玩鳥者晨持籠立隔河，使鳴聲相應，謂之「溜鳥」。中多灰鶴，悠然水濱。又有喜鵲，集噪於上，稱「神鵲」。聞庚子前忽群飛不至，識者即慮兵災，果有拳匪之亂。亂後雖復集，亦不及昔年之盛矣。又玉寶亦有散失者。曾見孝恭仁皇后及世宗玉寶二方，方各五寸，碧玉龍紐，滿、漢合璧，為吉林宋鐵梅所得。余得有「五福五代堂古稀天子寶」，亦庚子年所出。聞同時尚有「太上皇帝之寶」一方，盛宣懷購以重金，裝潢進呈，蒙厚賞焉。余後又得「廣運之寶」、「八徵耄念之寶」及「乾卦」玉璽、「澄心堂」牙章大小十數方，皆希世之珍也。

警察廳

北京初設工巡局，自巡警立部，後改民政，始設警察廳，內、外城各設廳丞。余知左廳事，專管東城，定戶籍法、頒衛生令，並行地方自治。中國之有地方自治自此始。庚子後，外商於使館界外強設洋行，據約禁阻；東長安街東南毗連使館界各畫有空地，不得建築，而主權仍屬我，久為使界巡局所侵，力爭收回。時肅親王為民政部尚書，趙智庵（秉鈞）為侍郎，遇事常有諮洵。肅常微服乘煤車夜出巡查，親貴或故犯警，趙佯作不知，飭警拘罰，而復自往謝釋之，故警令得行。一日，有某貝勒車違警疾馳，余立拘之，謂：「將送宗人府。」某避去，而責之部中，肅、趙乃索車送往，並謂：「金君強項，幸毋觸其令。」自此某某等之車馬皆不復疾馳於道矣。

東安市場

京城向無市場，肩挑負販，沿街叫賣，頗為擾雜。余飭警區，就東箭道設市場，名曰「東安」，招各販群集一地，板屋草棚，聊蔽風雨。初僅菜市，未數月，百貨雜陳，竟成市集，商賈皆至，願受一廛。乃准領地建房，各設店號，日盛一日。詳定規章，增警專管，並委陸警官（震）管理經營，遂成東城鬧市。此為北京有市場之始。

圖書館

圖書館設於東安市場之南，闢園建屋，植樹種花，藏書略備，新舊兼陳。舊者傅君雲龍遺書，尤其公子範初假閱；新者為商務印書館孫君伯恒（莊）捐贈，並籌款增購，粗具規模。此為京師有圖書館之始。後以市場日盛，尺地寸金，拓及園館，遽致撤廢。時余已出都，亟函主者飭止，已不及矣。

道差

道差者，蹕路所經，平治灑掃、各加黃土並嚴檢查，為警廳之責。時兩宮常幸頤和園，太后自園歸，皇帝應在園門伏送；復間道疾馳，至西直門倚虹堂伏迎；仍俟太后暫憩登輿，再疾馳至宮門迎候。余等常飛騎先驅，與御輦爭馳，不復顧也。或傳帝常在輿擊鼓示緩急，實出誤傳，僕僕迎送，何暇為此從容遊戲耶？

御輪

太后往來頤和園，有時乘小輪船由高粱河行，稱曰「御輪」。自倚虹堂至萬壽寺各設馬頭備上下，水道不過十里，設備甚周，其輪舟即海軍處所進者也。西苑三海及頤和園亦備有小汽輪，並設船塢，皆由內務府派員與內監承差，惟司機者則另外雇，亦賞給頂戴，與官中人同也。

三海

三海即西苑，時兩宮常終歲留西苑，以大內祖制嚴，起居有定，不若西苑便也。每逢大典、朝會、祭祀，早還宮而午復臨，習以為常。太后於頤年殿聽政。殿在中海，凡入直王大臣備有乘船及冰床，非特賜不得用，與紫禁城騎馬、坐轎同一榮典也。帝居瀛臺。臺臨南海，不得隨便出入。初以補桐書屋為書房，后亦不得擅往。補桐書屋距瀛臺不遠，舊為高宗讀書處，有桐先枯，高宗手補其一，即以名屋，繪圖、題詩，迭有歌詠。此圖後為余所得，今尚存。中海有橋，可達苑門。北海橋曰「金鼇玉蝀」，為自西安門至西華門要道，雖為禁地，亦許通行，自兩宮久駐，遂嚴阻閒人欄入矣。余嘗於中元日入觀蓮燈，適太后驟至，不及避，同直者囑恭立毋少動，太后似一瞬而過，亦未問也。

電燈房

北京初設電燈，光弱不明，家各備油燭，以電燈為裝飾品而已。而宮內別設電機，光耀如晝，稱「內廷電燈房」。西苑三海及頤和園分設兩機，而大內仍不准用，以非祖制也。凡在電燈房當差者限制甚嚴，不得隨意出入。時無線電方新發明，而宮中已有進呈者，小機全份方僅數尺，試驗時，兩宮皆臨視，頗贊異也。

內廷供奉

內廷演劇向有昇平署承直，咸豐後始常傳外伶，太后幸園駐苑時傳召尤頻，榮其稱曰「內廷供奉」。時由那中堂桐、誠內卿璋為戲提調，內監、外伶每多齟齬，周旋兩者之間，余曾目睹屈膝調停，欣欣然，殊不自以為媿。那常笑對人曰：「今日又坐蠟矣。」眾皆戲稱為「坐蠟中堂」，甲乙爭端，聞此輒一笑而解。

請安

請安者，俗禮屈膝致敬也，有雙腿、單腿之別。屈雙膝曰「雙腿安」，凡臣見君、奴見主、卑屬見尊親行之；屈一膝曰「單腿安」，凡尋常相見，不論尊卑皆行之。清初百官見王公貝勒皆跪安，雖大學士不能免，其後權臣如鼇拜等亦僭此禮，始諭禁雙安也，而單安如故。余總警務，諭阻員司不得屈膝，而習慣成俗，終亦不克盡禁也。按《漢書・東夷傳》高勾驪跪拜曳一腳，與請安正同，然則此俗由來久矣。雙安必沿於跪拜，然其形狀實相異，跪拜以屈伏為敬，而雙安僅屈雙膝，先左後右，垂手而直其躬，惟必俟尊者領受始得起。其謙下者或雙手作相扶狀，曰「接安」。傳聞德宗每入跪安，太后常置不理，乃長跪以待，往往至不能起立，困頓甚矣。余之不願見人請安，亦以此也。

闊

京中舊習，自王公以至優伶，車馬衣服矜奇爭豔，莫不以此自豪，謂之曰「闊」。余在京時，風氣漸改，已不及昔日之奢華，而積習未除，競尚新樣。某貝勒黑衣排扣，自駕雙輪馬車招搖過市，見者歎為妖孽，謂：「昔日所尚，朝衣朝冠，必求其正。榮文忠公（祿）以衣式稱於時，每日趨朝常視御服為轉移，日易一衣，歲不相復；立山繼祿，冠服翎頂，互誇精麗，各守正軌，亦不似今日之甘趨下流也。吁嗟闊兮，不我活兮！」言之若有餘痛焉。余後得一玉翎管，色嬌豔，曰「燒豬皮」，為榮氏故物；又一珊瑚頂，色紅潤，曰「孩兒面」，為立氏故物。偶一飾用，光采逼人，眾自不期而皆趨視，余厭其煩，至不復敢常御，真奇品也。又見一冠頂，為雞血石製，色正紅，配以全翠管，堂皇甚矣，尤奇。

大公主

大公主，恭忠親王（奕訢）之女，為慈禧太后所寵愛，加封榮壽固倫公主，故稱「大公主」。下嫁額駙志端，賜第安定門街，稱「大公主府」。日侍太后，出入乘宮車，遇者皆避道，喧赫一時，京城內外無不知有大公主也。而文宗皇長女榮安固倫公主下嫁吾家一等雄勇公額駙符珍，亦稱「大公主」，其聲勢不如榮壽之盛也。時日入侍太后者為榮壽大公主，乃醇親王（載灃）之福晉瓜爾佳氏。福晉為家文忠公（榮祿）之女，文忠夫人與老醇王福晉那拉氏為姊妹，皆慈禧太后妹也，那拉福晉即光緒生母，瓜爾佳福晉即宣統生母，太后兩擇嗣統皆歸醇邸，蓋以此也。同時入侍者如繆太太及裕庚之女德菱等皆後先出入，其數十年不離左右者，惟大公主一人而已。

繆太太

繆太太名嘉惠，號素筠，以工繪事侍太后，常為代筆，眾皆稱曰「繆太太」。初，太后傳旨，命江浙織造選保命婦善畫者入侍，江蘇織造保送一人，即繆氏；浙江保送二人，一為王韶，號冬青，一為吾姊畫粱，號織雲。吾姊畫學南田秋嶽，無脂粉氣，頗擅名，適病歿不克應召，惟繆、王二人同入直，稱「女侍從」，禮遇雖優，而宮中繁費，不足供應，皆以為苦。數年後，王不能支，先乞假歸，而債家群索無以應，竟仰藥死。官不敢上報，久漸為太后所聞，待繆較厚。繆又自售畫，眾慕女侍從名，索者日多，繆恃此以周急，始免窘迫。購屋後海，傍醇邸以居，終其身侍太后，不敢自逸，亦不可多得者矣。凡流傳御筆，筆勢生動者為太后親筆，而較拘束者則皆繆所代也。

肅親王

肅親王（善耆）自號偶遂亭主，好客，頗延攬，雖出入其門者不盡端士，亦難得也。王聞余至京，即屬欒小髯同年（守綱）車迓，降階執手，稱曰「識時俊傑」，並令世子出見，後以民部參議奏保。一日，偶論謚法，余首舉「文忠」二字，王乃呼余為「文忠公」。王好戲謔，喜演劇，飾武生，勇捷過楊猴子，常以此自豪，余每諷之，王輒曰：「文忠在坐，使人不樂。」然終不失禮意也。王書法秀媚，工小詞，客嘗以「人淡如菊」屬對，王應聲曰「後來其蘇」，其捷巧皆類此。太后嘗疑其用人太濫，責曰：「善香與黨人通。」至厲聲呵之，不能自辯也。又王有妹，知新學，辦女校，常出演講，實開女子演說之風，香山靜宜園即尤其與英斂之夫人淑仲女士創立慈幼院，時頗以開通稱焉。

張文襄公

張文襄公（之洞）入都，余往見，論歷朝相業，公頗稱張江陵，余曰：「不如張留侯。而留侯之默籌調護，猶不如張柬之之慷慨反正也。」公忽鬚髮怒張，目棱棱如有電，數視余，欲有言，終默然霽顏而止。後聞謂人曰：「此年少膽大，有深心，吾慮其將以言取禍也。」余謂之撫然者累日。

鹿文端公

鹿文端公（傳霖）在軍機，遇事尚持正。以慶王好貨，常阻人致賄，並告王曰：「某人某缺欲有所孝敬，吾以王爺不要錢阻之矣，然此缺非此人不可也。」王不得已，輒屈從其請。惟查辦貽穀一案，時論頗譏之。貽穀與樊增祥昔以才巧佐榮文忠幕，榮重貽而輕樊，貽又嘗面折之，樊故假案示報復，而鹿實受其欺也。

李蓮英

李連英，世皆指為巨奸，而見人卻頗盡禮。余在批本處，李每見必請安問好，行必讓道，坐必側席。凡遇士大夫皆然，不似眾閹之傲慢也。善伺太后意旨，假喜怒以作恩威，因緣為利，故眾皆趨之。余藏有太后手寫《心經》，前繪太后像為觀音，後繪李像為韋駝，別見照像亦同，則近乎非禮矣。

高老道

高老道，白雲觀住持也。與李蓮英有連，能通聲氣，奔走者爭集其門。高講修煉，謂有點金術，問其秘，終不言。或曰：「此能富貴人，不較點金勝耶？」高嘗進金丹，時自詡曰：「李總管獻何首烏，其功不小，然亦金丹力，故太后老而不衰，能駐顏且健步也。」高每入城必寓萬福居，特為留靜室。萬福居，飯館也，以此得名。

袁項城

袁項城（世凱）參觀豫學堂，其鄉學也，余始見之。後袁屬趙智庵約再往見，適榮竹農（勳）在坐——竹農，榮文忠之女夫也，袁乃洋洮文忠功業，似向余為解說者，以余昔上書頗責文忠也。竹農出謂余曰：「項城今闊矣，昔年日侍文忠門，出入為我跕班，今殆忘之矣。」「跕班」者，侍從遇貴客出入，群直立以致敬，官場舊習也。

岑西林

岑西林（春煊）至京，余異其人，高嘯桐先生（鳳梧）介而往見。與之言，每及一人，必罵不絕口，一若舉世無可許者。余大失望。嘯桐謂可與有為，特氣浮，宜以靜鎮之耳。岑初見太后，力參慶親王貪庸誤國，為慶所惡，而慈眷尚佳。岑又連劾袁、朱等，眾皆不安，太后亦厭之，遂復出督兩廣，又久不能抵任，鞅鞅甚矣。惟議駁鐵路國有一事，頗有先見。初，張文襄奏請鐵路國有，交郵傳部議，歷任皆置不復，岑長部始奏駁，議乃寢。否則亂機早發，不待辛亥矣。嘯桐初在杭州林太守（啟）幕，已經術佐治，興學校、廣蠶桑，遺愛在民，杭人士既為太守築墓孤山，復設林社，歲集祀，迄今不衰。嘯桐為岑所重，累保入覲，訪余京邸，頗為政局憂，旋以知府分桂省，守梧州，歿於官，與林皆稱賢太守者也。

汪大頭

余入都時，汪大頭早不登臺。次歲，忽傳在打磨廠福壽堂清唱。晨至，即滿坐，人各一金，咸忍饑以待。近暮，汪始至，眾屏息不聞唾咳，靜聆其唱。聲不甚宏，而沉著頗動聽。余不解音曲，但覺入耳和而肅，不似譚調之靡靡已甚也。遙睹其貌，亦瘦削無復大頭狀。後即聞其去世，此次成絕唱矣。

王一峰

王一峰，瞽者也。精單弦，能象萬物聲，惟妙惟肖，稱絕技。余嘗問其術，王曰：「得於心，應於手，一旦豁然，自亦莫明其妙，殆天授也。」王雖操術微，而頗自矯矯，凡像姑堂子及妓館即招以重值亦不應。及項城當國，聞嘗召之入府，竟亦拒不往。後病死海上。或傳其以宿倡得惡疾，不足信也。

想九霄

想九霄即名伶田際雲，京中首演時事新戲者也。時吾杭旗營惠興女士以殉學死，世皆悲之。余既合同鄉京官奏請恤表，京外士紳遠近追倬。余友張展雲為編新劇，田伶慨願扮演，自飾惠興女士，情詞哀激，觀者垂淚。鄉友貴林來京募捐，一日集數千金，攜歸建立惠興女學，田之力也。貴林即辛亥在杭被害者。

某相士

某相士遊京市論命相稱奇驗，肅親王微服請相，某遽曰：「論相必王公也，然難免破家之禍。」有示以德宗八字而不明言為誰者，某曰：「論命當窮餓以終。」告以「此今上也」，某竟不信。後以相項城當稱帝，聞被毒死。某初寓西河沿關帝廟，余往訪之，某謂：「命與於忠肅同而貌亦相似。」初不知何所據而云然。又謂：「平世位不過公卿，而世亂則當出將入相。」且謂：「終不免於夭殛。」以其怪誕不經也，余遽捨之行，彼此均未問姓名也。余後見《秘抄歷代名人生命冊》，於忠肅果亦戊寅生，而注曰：「名震天下，老而不祥。」為之憬然。又吾父生時，先大父夢金壽門來謁，故小字曰「壽」，及暮年得冬心自畫小像，貌與父同，形神逼肖，而吾父書畫筆意亦類冬心。然則轉世再生之說，果可信歟？

炸彈

初，命載澤、戴鴻慈、徐世昌、端方及紹英等五人臣分赴東、西洋各國考求政治。臨行，至正陽門車站，遇炸彈，載澤、紹英均受微傷，乃折回。余友薩季謙（蔭圖）為隨員，傷左足，醫治逾月始癒。

此為北京炸彈第一聲，談者色變，廷議始設巡警部司偵察，說者謂：「吳樾一彈，未殞一人，乃造成新官一大部也。」徐既超授尚書，紹英不能行，乃改尚其亨、李盛鐸會同前往。設考察政治館，命王大臣籌定立憲大綱，余曾採列朝《聖訓》之合於憲政者成憲政條議上之，實為中國言立憲之始。次年，各大臣考察回國，條陳仿行憲政，始宣示預備立憲。而端大臣（方）自歐州帶回電影機器試演其宅，汽鍋炸裂，傷震數人，全城為之驚駭。此亦炸彈之餘響也。

革命排滿

炸彈後，朝命各省嚴禁革命排滿之說，而湖南瀏陽、江西萍鄉會黨先後舉事，為官軍所敗。此為革命起事之始。旋諭禁京師開會演說及學生干預政治，又命妥議化除滿、漢畛域，籌畫各省旗營生計，立變通旗制處，皆為消弭革命排滿也。余曾條議變通旗制大綱，以生計為主，後至奉天，逐漸實行，惜已遲矣。

禁煙

初諭禁鴉片，定期十年將洋土藥之害一律革除，頒行禁煙章程，頗示嚴厲，並派恭親王、溥偉等充辦理禁煙大臣，凡大小官員均須調驗。趙智庵侍郎獨奏明向有嗜好，自請開缺，廷諭嘉以不欺，給假戒除，以示優異。時設調驗所，調入驗戒者頗多，飾偽欺詐，醜態百出，官體蕩焉盡矣！

孔廟大祀

孔子升大祀，改廟制，皇帝親臨丁祭，余以警蹕隨駕出入。是日大雨，衣冠盡濕，幾不克成禮。邇年久傳聖躬不豫，祭祀大典常遣代，偶有躬親，每出宮非雨即風，天若故厄之者，眾皆以為非吉。帝步履急，自階上下，又不令左右扶持，層階雨滑，疾趨而行，每一舉足，余輒為心驚，而遠侍莫能自竭其力，徒忐忑而已。

石鼓

石鼓在太學，即孔廟大門，左右護以木柵，仍得入觀，任人撫摩，殘蝕已多，文字幾不可辨，必善手始能精拓，時雖有禁令，而私拓者如故也。歷代進士題名碑植立如林，亦巨觀。石刻《十三經》相傳和珅私自鑿改，余細視字體，殊不見有斧痕，似不足信，其所謂下流之歸歟？辟雍圜橋，蔓草荒煙，為之歎息。

兩宮崩

戊申十月癸酉帝崩，次日太后亦崩，聞者疑駭。初，德宗早以病聞，仍日視事如常。先傳太后危篤，初未聞帝病加劇，乃帝忽先崩，疑傳紛起。余後密問內監，始悉太后既病，帝須朝夕數問安，已不勝其勞；又以群侍太后，置帝不顧，遂致委頓不起。據聞帝氣絕後左右始知，不識確否？嗚呼，傷哉！

登極

宣統登極，余未在京。有人赴太和殿觀禮，見攝政王擁上座，上泣啼不止，左右頗惶窘。王招近侍進一物，上玩弄，始止哭。眾既訝為不祥，而又疑不知所進何物，私問之，則廟會所售玩物曰「虎小兒」者也。相傳德宗即位時亦久泣，近侍奉以白棉一撮，即持玩泣止。德宗一生受人欺弄如棉，而性復樂此，殆亦數歟？

監國攝政王

授醇親王載灃為攝政王，並為監國。清初，睿親王稱攝政而不監國，今體制較昔尤尊嚴也。頒行監國攝政王禮節，另編禁衛軍，由攝政王親統，並諭以欽遵遺訓：「皇帝自為海陸軍大元帥，未親政以前，由攝政王代理。」攝政王日至乾清宮聽政，並召見臣工，皆賜坐。王頗自勵，思圖治，章奏皆親批閱，仿雍正朱批，示精核，而苦不得要領，往往辭不達意；又為諸貴要牽掣，遇事不復能行其意，眾皆失望。有入覲者，常坐對無言，即請機宜，亦囁嚅不能立斷。回憶太后訓政，皇帝不敢擅語，太后或令指問，亦匆匆一二言輒止，不敢及政要，而攝政王何所顧忌，乃亦如有禁格？識者早知朝政不能問矣。

余嘗遇事進言，王頷首者再，似頗許可，旋復茫然如無聞焉。難矣哉！

親貴

攝政王監國，親貴用事，某掌軍權，某專財柄，某握用人，某操行政，以參預政務為名，遇事擅專，不復能制；各引私人，互爭私利，某某為監國所倚恃，某某為太后所信寵，間有一二差明事理者為所牽率，亦不免逢君之惡。時又創中央集權，兵事、財政皆直接中央，疆吏不復負責，內重外輕，時爭意見，國事不可為矣。

立憲

初，定籌備立憲以九年為期，各省議員要求速開國會，始命縮改，於宣統五年開設議院，而將各省代表解送回籍，違者拿辦。時黨會思以立憲為革命之漸，頗有隱謀，如能提前迅決，頒憲開會，以先機和緩，未嘗不可暫消隱患，然後再為挽救危亡之計。余曾數數進言，而當軸疑為人用，終不能納，亦未如之何也。

內閣大庫

內閣大庫，宣統初奏請清理。聞自明以來從未啟視，內多明、清二代舊檔及書志圖冊，而紅本與試策尤為整齊，清理時不免流散，頗有轉展貽藏者。余後得殿試卷二百餘本，自清初至光緒年歷朝均備，范忠貞公（承謨）一卷最可寶貴。又有鴻博試卷，亦至難得。康、雍前文字皆無定式，乾隆中始講字體，嘉、道後乃嚴格式。各朝文字自成風氣，一覽可辨，余別有考。余之試卷為劉翰臣同年（啟瑞）所得，後承相贈，至可感也。大庫清理竣，原議銷毀，嗣以內多要件，由學部移存國子監，後乃復移天安門，分裝八千麻袋，既設歷史博物館，檢出陳列，其余視同廢物，竟以爛紙售諸紙商。余聞而追購，尚多珍秘，旋由上虞羅氏轉歸之德化李氏，今不知流落何處矣。余亦別有記。

永樂大典

《永樂大典》藏翰林院內，自庚子後經外務部向各國聯軍索回者，不足二百本，分裝二箱。光、宣之際，章一山同年曾見有乾隆年御題者，尤不多覯。後連圖書移貯購習所，遂多散失。陸文端公時為掌院，令清秘堂追查，始繳上六十餘本，今存圖書館。聞翰林吳懷清所收獨多，漸亦售之海內外藏書家矣。

皇史宬

皇史宬在東華門外南灣子，尊藏《實錄》、《聖訓》、玉牒等稿，不得啟視。相傳《永樂大典》嘉靖年曾錄副本，後亦藏於皇史宬，不知存否？時值送藏玉牒，余隨同前往，見屋製堅實，純以厚磚啟牖加柵，不見有窗，中頗晦暗，非在事人員仍不得入內，惟遙望而已。直班者云：「中穴巨蛇，長數丈。」然則地必潮濕，詎能久藏不損耶？

玉牒

玉牒十年一修，修竣，分藏盛京大內一份，派王大臣恭送，謂之「牒差」。自北京至盛京，由山海關大道，分十五站，稱「裡七外八」，沿途辦差，借資民力，騷擾殊甚。徐東海督東，適值牒差，時鐵道已通，遂奏請改由火車恭送，一切作正開銷，不准擾民。奉旨照准，由奉天旗務司籌備。余與榮叔章（厚）實承其乏，特於皇姑屯建巨廈為恭迎玉牒處，典制頗隆。此次係派禮親王恭送，率同宗人府及禮部員司，上下百十人，例應辦差，適館授餐，不免煩擾，雖力事撙節，亦開銷至數十萬，而較之歷屆牒差尚不及十之一也。玉牒尊藏於敬典閣，不准私抄，每夏六月六日抖晾一次，余輒錄其大略，輯為簡表，與《宗室王公襲次簡明冊》同時付刊，以便查考焉。

奉天旗務司

徐東海督東，改定官制，分辦新政。而將軍舊署所管八旗五部、三陵內務一切事宜，則設旗務司司使統轄之，與司道並列。其職權繁重，幾與督署相埒。余初至奉，即司旗務。東海內調，錫文誠公（良）接任，改司為處，奏保總辦，略稱：「現充旗務處總辦某某精明篤實，任事血誠，忠義天生，堪膺艱巨。自上年總司旗務，規劃、經營，具有條理。就地籌款，興辦學堂、工廠及銀行等事，藉廣生計，成效昭著；建議遷旗殖邊、練兵固本，尤見規模深遠，實為一時難得之才。該員由知府保道員，並以副都統記名，擬懇恩准留奉，仍充旗務處總辦」云云。奉旨允行。余與文誠向無一面，乃辱知遇，引參機要。原定五年計畫，實邊固本，以為緩急之圖。而不意時不我待，終無補於大局也。

滿洲實錄圖

歷朝《實錄》亦分送盛京大內一份，藏於崇謨閣，自太祖以至穆宗，滿、漢均全，惟《穆宗實錄》首套，滿、漢各一，為北京實錄館調取，迄未發還。余嘗登閣敬檢，見有《滿洲實錄圖》二套，繪開國事蹟，自天女下降至定都瀋陽，事各一圖，以戰跡為多；凡太祖、太宗御容，及費英東、額亦多諸功臣，皆真像；山水人物，白描精極，為乾隆年重摹本，有高宗御題，謂：「舊藏《實錄圖》恭摹二份，一藏北京，一藏盛京，惜原本不知存何處矣。」每圖皆用滿、蒙、漢三體文分注事略，與《實錄》所載亦有異同。余曾錄有副本，方擬付刊，而原圖竟為人私印牟利，又割裂多不合式，流傳不廣，亦憾事也。余原擬列朝《實錄》一併付印，別有簡法，事舉而費不多，亦以此中阻，尤為悵然。

漢文老檔

崇謨閣藏有滿、漢文老檔，向無人知，余始發見，而各錄副本。漢文老檔六冊，一載天命、天聰年諭敕，一載孔有德、尚可喜、耿精忠等呈奏及劉興治等函札，一載范文程等奏疏，二載朝鮮往來國書，皆用高麗棉紙發箋，字亦甚古，確為原抄。所載尤多秘要，非滿文老檔所能比也。滿文老檔多至一百七十餘冊，有老滿洲文，有新滿洲文，實乾隆年重抄本。雖與《實錄》所載多有不同，疑仍有改削，未必全得其真，總不如漢文老檔之為原本，一字未改也。滿文老檔余已全部譯出，分訂百卷，以卷帙過繁，不克付印，曾摘要為《滿洲老檔秘錄》二卷，購閱者頗多。而漢文老檔副本，羅雪堂曾借刊其二，惜有刪抹處，余總當以全本刊行也。

老汗王

老汗王，清太祖也。東三省士民，凡事事物物，無不歸美老汗王，如諺有「關東三寶，人參、鹿茸、靰拉草」，則曰天生人參，為享老汗王也；興京產煙葉，則老汗王所吸也；牛莊釀高粱，則老汗王所飲也。乃至一城一堡，皆老汗王所建；一盔一甲，皆老汗王所遺。凡有聞見，必盡歸美於一人而後已。其為人民所愛戴，眾心歸往，至數百年猶然，古所未有也。相傳老汗王面貌似關壯穆，瀋陽及山海關一帶多建關帝廟，神像有塑白面者，皆祀老汗王者也。蓋其時地猶屬明，而眾感其德，不敢私祀，乃公立關廟，以白面為別，亦生祀之類也。得人之深如此，其興也不亦宜哉！瀋陽白面關帝廟在城東，余曾往觀，其像與太祖御容果同。《滿洲實錄圖》繪御容逼真，余有摹本。

清寧宮

盛京大內有清寧宮，為太宗時寢宮。大屋圍炕，門闢於偏東，左隔一間為內寢。外炕有大鐵鍋二，備煮肉。臨門則有大礅板一，備宰肉。而牆後則煙筒高矗，為火炕出煙之用。窗皆糊紙於外，而以油塗之，防風雪。此純乎關外舊俗也。北京有坤寧宮，皆仿其制。聖祖東巡，以太宗所居，不敢復履，改為神宮，歲時祭神，於此行禮。有神盔、神刀、神鈴等物。神鈴最奇，謂皇帝臨祀，滅燭伏候，俄頃神至則鈴自鳴，每祭不爽，亦奇聞也。高宗東巡，別建寢宮於西殿，曰「繼思齋」。屋方五丈而隔為九室，室不過丈，皆席地，中為帝寢，而后妃分占其四周焉。室制既異，又不用板壁，各以木格糊紙，而每室隔別，聲息不聞，頗見構造之巧。與清寧宮之質樸，迥不同也。

三官廟

盛京大內大清門左，舊有三官廟，相傳洪承疇曾被拘於此。近在宮門，妃侍或往窺視，遂有大妃說降之謠，實不足信。太宗初本無留洪意，後以洪自請降，范文程諸臣又奏保，始從其請。舊檔有奏稿可證，又何勞說降耶？乾隆年因建太廟，始移三官廟於大南門內，賜名「景佑宮」。後為青年會所占，碑尚存。

皇宮博物館

東三省總督錫良奏請盛京大內設立皇宮博物館，攝政王朱批「著毋庸議」，遂作罷。初，盛京大內飛龍、翔鳳二閣貯列朝紀念遺物、磁玉珍異及文溯閣藏《四庫全書》，皆為國寶。余兼司典守，擬請清查整理，設立博物館，籌款繪圖，建樓築庫，以永保藏而廣展覽，中外聞者咸樂觀成，乃議上而竟論罷，時皆惜之。

故宮書畫

皇宮博物館既論罷，余仍擬清理藏珍，詳編目錄。乃先從書畫入手，延聘余鐵山大令（重耀）諸君分任編審，仿《石渠寶笈》擬定體例，逐件詳記，精次真贋，各加案語。凡唐、宋、元、明、清分卷冊軸約得四百餘事，彙錄成編，題曰《盛京故宮書畫錄》，又別摘要為《書畫記》。憶當時檢閱至李北海書牡丹詩卷，僅有卷首及餘紙，而墨蹟竟已中空，追究將興大獄，遂置不問。余後歸京遇崇文勤公（實）後人，忽見失卷，謂係舊藏。崇氏弟兄先後任盛京將軍，文勤賢者，必不為此，意其後人或得之市上耶？《書畫記》曾載《大公報》，而全錄十卷則為中國書店刊行，余各有敘。又《石渠寶笈》向無傳本，余由文溯閣《四庫全書》錄副，商務印書館所景印者，即吾本也。

希吉納

希吉納，英國名將也，曾任埃及元帥，老而鰥，愛磁成癖，自言視兵如子，而以磁為妻。來遊中華，入覲監國，聞盛京故宮多藏佳磁，請賜遊覽，特旨允准，並諭選贈二件。余得電頗為難，故宮舊藏磁器數萬件，宋、元、明、清均有，以康、雍、乾為多，余方建樓陳列，外賓參觀，傳播海國，遂為希吉納所垂涎，詎可任其自擇，取大器重寶以行？乃先檢巨且精者百十器移貯別庫，始導之入。希一覽無餘，即問：「尚有佳者，藏何處？」余答以「無」，則竟出照片指問，凡所移貯者多在，不識何時何人所攝也。余仍答以「不知」，希怏怏，選小瓶、小樽、小盒各二件，皆精磁，蘋果綠，又稱「雨過天青」者也。尚欲別選佳者，余亟阻之，謂：「諭賜二件，何多取耶？」希則以盒加瓶上，謂：「此一件也。」復指樽口曰：「此尚缺頂。」余正色曰：「此宮禁也，幸勿失禮。余亦考古者，奈何謾語？」希赧然不能答，惟必欲強攜六器以出，其狀如稚子得美食，愛之不能釋手，可笑甚矣。時鄧孝先（邦述）為交涉使，亦陪觀，乃調停其間。已見希以二樽納衣囊，而手各握一瓶，小盒不能容矣，輒請偕見督帥定取去。錫文誠時為總督，適梁燕孫（士詒）在坐，余等偕入見，告以故，錫向余決可否，梁曰：「既有電旨，即多取，亦只得許之，不可以細故失其意。」錫始對客笑允。希大喜過望，亦歡然矣。余乃戲問之曰：「聞君以磁為妻，西俗皆一夫一妻，君何以多多益善耶？」希喜甚，無他語，惟再三謝，挾以行，始終器不離手也。聞歸國後，為其政府所知，竟以此罷官，而希尚引以為幸。余亦幸藏其巨且精者，否則如康熙窯大花缸，高數尺，上繪萬里江山一統圖，倘竟任之流海外，豈不為人笑哉？

遷旗殖邊

余籌八旗生計，創議遷旗殖邊，先在長白山試辦。奏明允准，派徐青甫（鼎年）、劉桐階（建封）前往調查籌備，設縣治曰安圖，第一次遷三百戶，均帶家口，戶各給田五百畝、屋三間，牛糧籽種、一切器具莫不代為製辦，送往路費概由官發。既籌旗計，兼事開墾，又顧邊防，一舉而得三善，實善謀也。遷往旗戶賓至如歸，歡聲載道，數歲生聚皆得溫飽，其勤儉者且稱小康焉，遂公議為余立生祠。余初不知，壬子年，余至哈爾濱為《遠東報》主筆，有自長白來者始告知。余賣文為活，方將死餓，而忽有生祀，聞之不覺失笑，殆以福薄不克生受香火，故不免絕糧之厄耶？又余知新民時，柳河為患，余乃植柳培堤，送水入遼，數年幸不成災，眾既以余名名堤，復為立長生位，亦同時聞之。

天女祠

長白山有天女池，為有清開國聖跡，例須歲祀而向無祠廟。既闢地設治，余乃奏請遣員建廟，名曰「長白山神之祠」，俗稱「天女廟」、「天女池」。在長白山頂，方不過數里，而圖門、鴨綠、松花三江之水皆發源於此，山水甚奇。曾派劉委員繪圖攝影，劉撰有《長白山江崗志略》，而余亦取風景照片製版成書，進呈御覽。長白山後即為朝鮮，以江為界，要隘也。劉委員嘗發奇論，謂當仿瑞士例設獨立國，定國際約，各國皆不得侵略，以免後患。其用心蓋甚深且遠也。及辛亥革命，劉竟舉旗於白山，其名似曰「大同共和國」，通告中外，聞者為之一驚，卒以無後繼，為省軍所敗，劉亦南走。此一段建國小史實在民國成立之先，知者殊少，故特為記其略，閱者視作大槐一夢可也。

警衛軍

余在奉司旗務，擬練旗兵，而軍事別有主管，乃以守衛三陵為名，由總督錫文誠公奏明照辦，先成一標。余親自挑選八旗子弟，必學堂畢業者始得入伍，仿新軍制而略加通變，數載訓練，頗著成績，見者至稱為省城各軍之冠。紀律尤嚴，從無騷擾，商民皆稱頌不置，惜未能一試其戰略焉。迨辛亥兵變，省城駐軍內外相應，方抵東門，我軍原營門外驟起擊之，亂兵出不意，皆驚散，省城始免糜爛，總督趙次帥（爾巽）立獎五千金。然以此為諸軍所忌，遂改撥吳慶桐，調往南陽剿匪。臨陣殊勇敢，傷亡頗眾，戰功亦著，而積勞至師長及參謀長者如陶經、武恩波、程廣新等皆百戰餘生也。余後寓故都，時有造謁，且自願執門生禮以進，余亦不復辭，藉以慰其報本念舊之思焉。

內閣官制

辛亥年，頒佈內閣官制，設內閣總理協理及外務、民政、度支、學務、陸軍、海軍、司法、農工商、郵傳、理藩各大臣，均為國務大臣。直省諮議局以皇族組織內閣不合君主立憲公例，請另行組織，呈請都察院代奏，奉旨以黜陟百司為君上大權，議員不得干預，不許。及武昌變作，始允取消內閣暫行章程，不以親貴充國務大臣，嗣慶親王等均自請罷斥，遂命袁世凱組織內閣。初，慶親王領軍機時，僚屬皆仰其意旨，及載某等入閣，常攘臂爭呼，無復體統，慶親王嘗怫然曰：「必不得已，甘讓權利於私友，決不任孺子得志也。」故慶於袁之再出也，頗致其力，至是遂驗。於是袁世凱奉命組閣，盡斥親貴，議和遜位、禪讓之局以成，而皇族尊榮同歸於盡矣。

憲法信條

武昌事起，鎮統張紹曾率隊至灤州，忽連名電請實行立憲。政府大驚，即命先定憲法信條十九條宣示天下。聞初擬直搗京師，所統二十鎮原駐奉天。余在奉聞警，有人說其協標統某某等星夜乘車至灤，徑脅以奉命代鎮，知眾心不屬，遂匹馬棄軍走。朝命為宣撫大臣，赴長江一帶宣布德意，京畿始得無事。然以朝廷遽發信條，為軍士所輕，卒啟軍人干政之舉，後且合詞請退位矣。

錫文誠公

錫文誠公庚子年請率隊勤王，中外共仰。自聞武昌之變，頗自奮發，余特至京謁之，有人為畫策：由公自請重兵駐津、灤，衛京畿，南北各軍有不奉命者即以兵定之，意在制袁；並起升允督陝甘，備緩急。廷議以公督陝，召見決策，而樞要索賄八萬金，公作色曰：「生平不以一錢買官，況此時乎！」或謂正為此時，不妨破例酬之，庶可救亡，公不顧。朝命竟改授熱河都統，謂備北狩；而公預保張錫鑾為晉撫，聞致賄四萬，竟先得赴任。值此日此勢，當軸猶忍索金，真全無心肝者矣！公後臥病津沽，余時往視之，一日，謂余曰：「生不如死，昔日悔不從某策。」相對潸然。

良弼

良賚臣（弼）自日遊學歸，寓陶杏南宅，余即與訂交。後為軍諮使，余訪錫文誠，並訪君。君力阻起袁，謂蔭昌不足恃，議以馮國璋督兵武漢，連稱有辦法者再。乃袁卒起，馮卒為袁用，而權貴皆畏葸無遠志，君以一身撐拄其間。倉皇二月，袁遇炸未傷，而君遽被刺折其足，越日死。親貴喪膽，遜位議定。嗚呼，君其瞑哉！

趙次帥

趙次帥（爾巽）為東督，聞鄂變，謀自保，余說之以入衛。時正克漢陽，趙輒答曰：「漢陽已下，變局定矣，何必多此一舉乎？」袁潔珊（金鎧），其所信任者也，聞亦說之，則曰：「策甚是。惜老夫非其人，若吾季其庶幾乎？」指其弟爾豐也。爾豐已被害矣。趙以保境安民為名，設保安會，自為會長，召張作霖入省，以舊軍監新軍，嚴懲亂黨，地方幸得苟安，而作霖之勢遂成。先假張錫鑾以去趙，繼假段芝貴以去張，卒驅段而自代之。作霖起於民團，增韞知新民，承將軍增祺命招撫之，故作霖頗感二增，終其身贈報不絕。而對錫文誠亦頗感服，則敬其廉直也，嘗屬余贈墾地百方里，錫謝不受。或謂與張景惠互易名，亦不確，作霖有兄曰作義、曰作孚，皆以「作」字排名，可為證也。

馮男

馮國璋以克復漢陽功，賞男爵，故稱之曰「馮男」。初，朝命蔭昌督師湖北。蔭昌昔遊德習陸軍，號知兵，實無識。時方籌備秋操，旗械略具，幸得成軍。逼漢上，久無功，意在觀望。易以馮，始克漢陽，期三日必復武昌。袁世凱連電召之回，馮志在立功名，怏怏謂人曰：「奈何奪我侯封！」爾時朝廷爵祿猶足驅使人也，而袁世凱錫一等侯，辭不受，則別有用意。說者謂：「袁如封王，猶有魏公九錫之意，挾天子令諸侯，或可苟延；余子碌碌，爾公爾侯，更何必不為我用？」惜當局無人，無以旋轉，雖曰天命，豈非人事哉！又聞蔭昌之督師也，先過彰德謁袁，請意旨。馮國璋繼起，亦戒以且勿戰。漢陽之役，實有二炮官醉後賭酒，以發炮為孤注，遽發二響，竟立奇功。蓋以兒戲得之也。

小德張

內監小德張，侍隆裕太后，為總管，思效李蓮英故志而苦無憑藉，久謀太后垂簾。袁既入京主內閣，攝政王監國如故，遇事必承朝命。小德張窺其意，乃引之覲太后，為備膳。袁脫手萬金，小德張大喜過望，私計一飯萬金，如事成，富貴何可限量！乃力慫太后納袁請，撤監國而復訓政，遂下監國攝政王退歸藩邸之命。命既下，小德張再詣袁議垂簾，袁拒不見，使人傳諭責之曰：「內監不得出宮招搖，違制者罪無貸。」小德張歸訴，知受欺，惟對泣。袁復日以危言脅太后，且佯求退。於是授袁全權，與民軍商酌遜位條件，決下詔辭位，而民國始成。故說者謂：「論功行賞，小德張首宜為之鑄像。」昔明之亡也，太監曹化淳首迎降；今則功在小德張，何內監之多偉人也，噫！

發內帑

袁既日進危詞，又以行軍無餉，請發內帑，太后乃盡括慈禧歷年積存金銀，合金銀二庫，盡交袁領，備發軍餉，袁開單謂：「核計合銀數共一千一百萬餘兩。」眾訝其少，謂：「慈禧搜積數十年，有進無出，即以袁在北洋任內日奉萬金計，已當幾倍其數，而內庫又已盡發，其餘果何往乎？」此亦一疑案也。時又以國民捐名義，自親貴以至富室指名派捐，眾不敢拒，各盡其資，世中堂（續）首納五十餘萬，曾分載《政府公報》，為數不貲，皆歸袁用。袁初抵京，聲望既著，眾咸恃以為安，仰其勢而畏其威，莫不甘為盡力，以冀收轉危救急之效。乃搜括既盡，復出異謀，對南對北兩面誘劫，不惜巧取豪奪以坐享其成，卒使南北交讓，而袁乃獨為天驕之子矣。

皇室會議

南北和議，必決讓國。太后召集皇室會議，歷訴苦衷，聲淚俱下，待眾以決。眾皆相視無一言，惟恭、肅二親王合詞諫阻。恭尤慷慨，怒斥諸貴要平日專橫，值此危亡，何皆束手？今大勢去矣，總當自奮，寧死不敢奉詔。不待畢議，即辭而出，徑赴青島。肅則走旅順。迨數年後，肅既客死，而恭亦非復當年氣象矣。

遜位詔

初，遜位議定，皇太后以朝廷不忍為一姓尊榮貽萬民實禍，惟宗廟陵寢及皇室優禮、皇族安全、八旗生計、蒙古回藏待遇均應預為籌畫，乃授袁世凱全權與民國議和代表議定優待皇室八條、待遇皇族四條、待遇滿蒙回藏七條，始下遜位詔。相傳詔出南通張狀元擬稿也。時英使朱爾典頗奔走其間，皇室思引國際自重，欲得朱使簽字，朱以不得干內政為辭，惟將議定條件照會各使館備案而已。

遜位詔下，余奉母居大連，有東友謂：「有內藤虎者，見有滿洲與朝鮮國書稱『後金』，問清初國號曰『金』耶？」余憶漢文老檔確有「金國汗」字樣，奉天東門曰「撫近」，額題「大金天聰年」，余即赴省拓得數本，其滿文則與後作「大清」字樣者文字全同。清、金同音，足為余前論之確證矣。又聞遼陽東京故城有殘碑，題後金年號，按清太祖未得瀋陽以前，先都遼陽，築東京城，然則天命年已稱「後金」，天聰年復稱「大金」，至崇德年始改定曰「大清」不待言矣。余癸丑寓天津，聞內藤虎至瀋曾登崇謨閣讀老檔，為攝景，並錄副以去，余實發之。

滿洲語

家文直公（伊克坦）精滿文，為帝師，余於其邸遇索倫人，問以滿、索語言，乃知滿、索同出肅慎，索倫、女真皆肅慎一音之轉也。嘗以語音證之，如滿、索語呼父皆曰「阿瑪」，母皆曰「額莫」，面皆曰「德勒」，目皆曰「雅薩」，乃至山曰「阿林」、水曰「莫仁」、日曰「西」、月曰「必牙」，語音皆同也，即鄂倫春、達呼里亦大同小異，足見同出一源也。滿文雖化自蒙文，滿語實出自索倫，必無可疑。又滿州初起於俄漠惠鄂多里城，索倫語則曰「我滿都里」，其音頗近滿朱，此當為滿洲名稱之原始，而滿朱、滿住猶屬後起之義，惜余不解滿文、滿語，不復能詳為之引證耳。又女真文其字類隸楷，而女真語其音似滿洲，此亦足為同出一源之證。

堂子

堂子在玉河橋東，順治元年建，中為祭神殿，前有拜天圜殿，制與盛京略同。凡元旦、月朔，國有大事皆詣堂子行禮，出征凱旋則列纛而告，典至重也。太祖建國，即有謁堂子禮。乾隆年告祭堂子，諭曰：「堂子之祭，乃我朝先代循用通禮，所祭之神即天神也。」蓋堂子祭天，兼祀多神，祝辭頗繁，聽者遂多傳誤，如祝辭有「佛哩佛多俄漠喜嗎嗎」，義曰福幼之神，則誤為「萬曆媽媽」矣，其實神為福幼，迎以楊枝，意即漢俗之送子觀音耳。祝辭又有「喀騰怒延」，本蒙古神，以先世有功而祀者，則又誤為「鄧將軍」，皆無稽之說也。至出征告天，即古之禷禡，更不待言矣。

孫等自離母腹，即依祖父母以生以長，一日未離。初居故都，後寓瀋陽。祖父主故宮博物館，孫等隨侍霞綺樓。樓南為翔鳳閣，祖父謂即清初之文館，范文程諸臣治事處也。樓後為協中齋，祖父謂即太宗內書房，洪承疇曾館於此。孫等常侍登鳳凰樓觀月、金鑾殿前納涼。殿東西有隙地，積土成山，草木蔚然，祖父名之曰「二龍」，蓋戲以孫等之名名山也。及「九一八」炮聲起，我等猶樓居，次晨始避出，祖母先攜之來津，旬日後，祖父亦至。忽已年餘，祖父終鬱鬱不自得，孫等勸以著述自娛，始草此記，孫等復慫恿付刊。回憶離瀋適二年，倉皇景狀如在目前也。

孫龍志、龍喜、龍吉等謹識

血歷史144　PC0786

新銳文創
INDEPENDENT & UNIQUE

《清代帝后外傳》：
附《光宣小記》

原　　著　金　梁
主　　編　蔡登山
責任編輯　劉亦宸
圖文排版　林宛榆
封面設計　王嵩賀

出版策劃　新銳文創
發 行 人　宋政坤
法律顧問　毛國樑　律師
製作發行　秀威資訊科技股份有限公司
114 台北市內湖區瑞光路76巷65號1樓
電話：+886-2-2796-3638　傳真：+886-2-2796-1377
服務信箱：service@showwe.com.tw
http://www.showwe.com.tw
郵政劃撥　19563868　戶名：秀威資訊科技股份有限公司
展售門市　國家書店【松江門市】
104 台北市中山區松江路209號1樓
電話：+886-2-2518-0207　傳真：+886-2-2518-0778
網路訂購　秀威網路書店：https://store.showwe.tw
國家網路書店：https://www.govbooks.com.tw

出版日期　2018年12月　BOD一版
定　　價　370元

國家圖書館出版品預行編目

清代帝后外傳 : 附<<光宣小記>> / 金梁原著 ;
蔡登山主編. -- 一版. -- 臺北市 : 新銳文創,
2018.12
面 ;　公分. -- (血歷史 ; 144)
BOD版
ISBN 978-957-8924-42-0(平裝)

1.帝王 2.后妃 3.傳記 4.清代

782.277　　107020581

讀者回函卡

感謝您購買本書，為提升服務品質，請填妥以下資料，將讀者回函卡直接寄回或傳真本公司，收到您的寶貴意見後，我們會收藏記錄及檢討，謝謝！如您需要了解本公司最新出版書目、購書優惠或企劃活動，歡迎您上網查詢或下載相關資料：http:// www.showwe.com.tw

您購買的書名：____________________

出生日期：________年________月________日

學歷：□高中（含）以下　□大專　□研究所（含）以上

職業：□製造業　□金融業　□資訊業　□軍警　□傳播業　□自由業

□服務業　□公務員　□教職　□學生　□家管　□其它_____

購書地點：□網路書店　□實體書店　□書展　□郵購　□贈閱　□其他

您從何得知本書的消息？

□網路書店　□實體書店　□網路搜尋　□電子報　□書訊　□雜誌

□傳播媒體　□親友推薦　□網站推薦　□部落格　□其他__________

您對本書的評價：（請填代號　1.非常滿意　2.滿意　3.尚可　4.再改進）

封面設計____　版面編排____　內容____　文／譯筆____　價格____

讀完書後您覺得：

□很有收穫　□有收穫　□收穫不多　□沒收穫

對我們的建議：____________________

____

____

____

請貼
郵票

11466
台北市内湖區瑞光路 76 巷 65 號 1 樓
秀威資訊科技股份有限公司 收
BOD 數位出版事業部

（請沿線對折寄回，謝謝！）

姓　　名：________________ 年齡：________ 性別：□女 □男

郵遞區號：□□□□□

地　　址：____

聯絡電話：(日) ________________ (夜) ________________

E-mail：____